巧学国际象棋系列

1000

国际象棋

习题详解 提高篇

（俄罗斯）弗谢沃洛特·科斯特罗夫

（俄罗斯）帕维尔·洛日科夫   著

和 颜 译

化学工业出版社

·北京·

1000 Шахматных задач. Решебник 1/2/3, by В. Костров, П. Рожков

ISBN 9785946932097 / 9785946932103 / 9785946931281

北京市版权局著作权合同登记号：01-2018-5112

图书在版编目（CIP）数据

1000国际象棋习题详解. 提高篇/（俄罗斯）弗谢沃洛特·科斯特罗夫，（俄罗斯）帕维尔·洛日科夫著；和颜译. —北京：化学工业出版社，2018.6（2024.6重印）

ISBN 978-7-122-32013-1

Ⅰ.①1… Ⅱ.①弗…②帕…③和… Ⅲ.①国际象棋-题解
Ⅳ.①G891.1-44

中国版本图书馆CIP数据核字（2018）第085443号

责任编辑：宋 薇　　　　　　　　　　装帧设计：张 辉
责任校对：王 静

出版发行：化学工业出版社（北京市东城区青年湖南街13号　邮政编码100011）
印　　装：涿州市般润文化传播有限公司
787mm×1092mm　1/24　印张7　字数227千字　2024年6月北京第1版第5次印刷

购书咨询：010-64518888　　　　　售后服务：010-64518899
网　　址：http://www.cip.com.cn
凡购买本书，如有缺损质量问题，本社销售中心负责调换。

定　　价：40.00元　　　　　　　　　　　　　版权所有　违者必究

目　录

第一部分

两步杀——夺取和拦截

对手气势汹汹地向你杀来，

大喊一声："将！"

不要害怕。

静静地想一想：这会不会是虚张声势呢？

王的荣耀之师仍在，

是否还有反击之机？

你看，有另一条路：

拦截。

在他们的前进之路上布局，

王仍可被解救。

再看看，还有另一条路：

王，还能向旁侧移动，困境自破。

——因娜·韦谢拉，伊勒日·韦谢拉《国际象棋 AB 象》

被"将"之后的保护

在向敌方"叫将"之前和"被叫将"之后，都必须考虑所有可行的"保王"措施。

在本书中我们将会学习两种"保王"策略：夺取，即吃掉进攻的棋子；和拦截，即在进攻棋子和王之间部署我方兵力。

不论对手如何防范，我们都可以发动两步杀来叫将。强势一方总要进攻。

从下篇开始，《家中习题》系列将重点训练两步杀技能。

让我们投身黑白大战吧！

第一课 夺取

当我们准备发起进攻时，常常会发现可发动进攻的棋格被敌方棋子占领。必须先发动一轮攻击，拿下这个战略高地。占领该格的棋子应当是准备叫将的棋子。这一步，必得深思熟虑。

一定要记得，王周围的所有棋格都应用于防卫。故此，叫将的棋子也应当具备防御能力。

请看下例

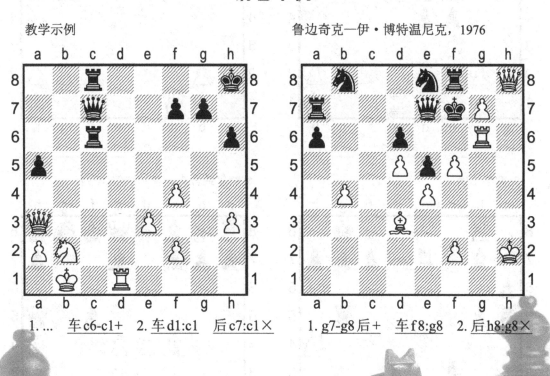

教学示例

鲁边奇克—伊·博特温尼克，1976

1. ...　车c6-c1+　2. 车d1:c1　后c7:c1×

1. g7-g8后+　车f8:g8　2. 后h8:g8×

等 价 交 换

1. 阿格扎莫夫—鲁杰尔费尔，1974

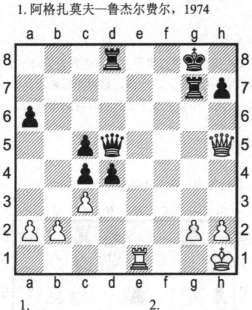

1. _____ _____ 2. _____

2. 恩格利加尔特—舒利采，1958

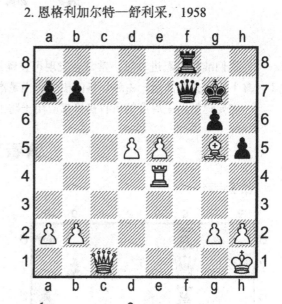

1. ... _____ 2. _____ _____

3. 教学示例

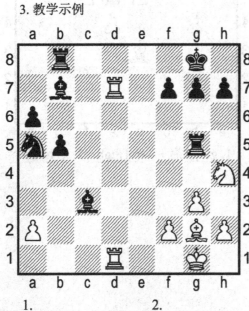

1. _____ _____ 2. _____

4. 叶尔纳舍夫—莫尔纳尔，1948

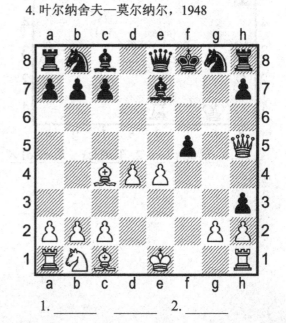

1. _____ _____ 2. _____

等 价 交 换

5. 西拉季—马达拉什，1971

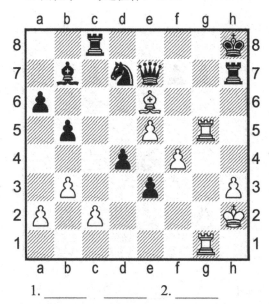

1. _____ _____ 2. _____

6. 罗甘诺夫—科马罗夫，1944

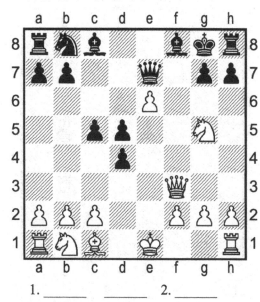

1. _____ _____ 2. _____

7. 奥列夫—拉舍夫，1976

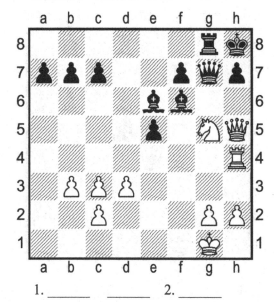

1. _____ _____ 2. _____

8. 教学示例

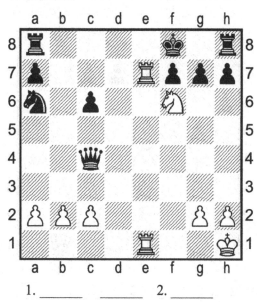

1. _____ _____ 2. _____

1000

国际象棋习题详解 提高篇

9. 卡尔波夫—泰曼诺夫，1972

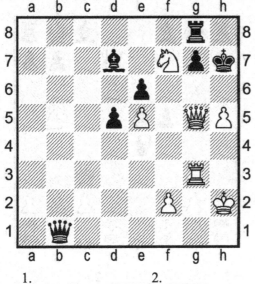

1. _____ _____ 2. _____

10. 哈尔季恰克—涅梅特，1987

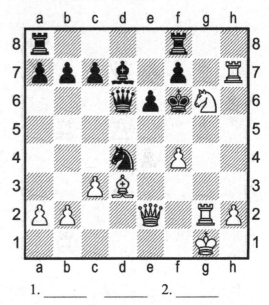

1. _____ _____ 2. _____

11. 博列斯拉夫斯基—邦达列夫斯基

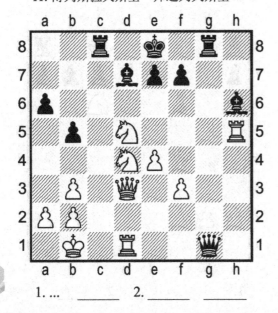

1. ... _____ _____ 2. _____ _____

12. 教学示例

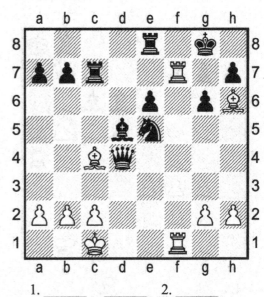

1. _____ _____ 2. _____ _____

1000 国际象棋习题详解 提高篇

不等价交换

13. 杜斯·霍季米尔斯基—罗宾涅

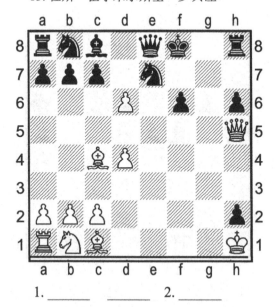

1. _____ _____ 2. _____

14. 曼多利福—科利恩，1859

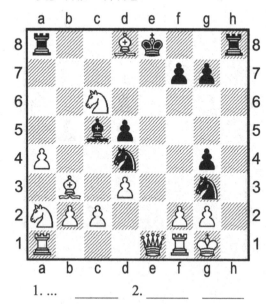

1. ... _____ 2. _____

15. 特列格尔—科赫，1934

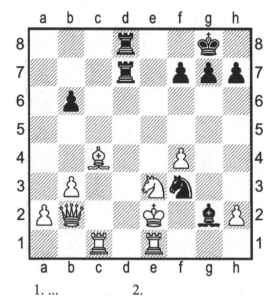

1. ... _____ 2. _____ _____

16. 博戈柳博夫—无名氏，1935

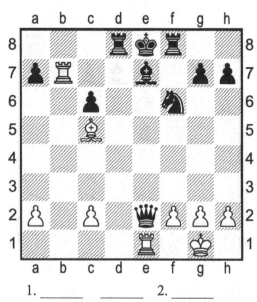

1. _____ _____ 2. _____ _____

17. 普里贝尔—乌利曼, 1975

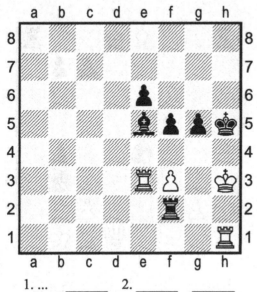

1. ... _____ 2. _____ _____

18. 吉尔克—缪尔列尔, 1927

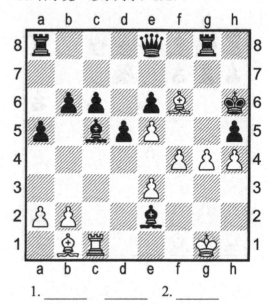

1. _____ _____ 2. _____

19. 教学示例

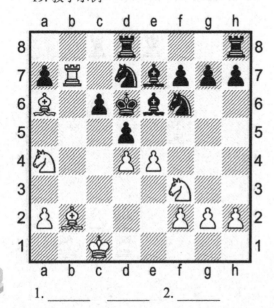

1. _____ 2. _____

20. 杰蒙特—科姆布豪斯, 1964

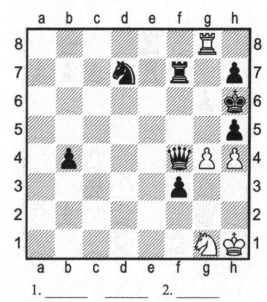

1. _____ 2. _____

1000 国际象棋习题详解 提高篇

第二课　找到发动进攻的线

很多时候都是王周围的直线棋子——车、象、后对王发起进攻。

防守方可以暂时阻止进攻，但通常维持不了很久就会被两步杀攻破。

找对了发动进攻的那条线，你就获得了胜利。

请看下例

季兹达尔—马尔茨，美国，1973　　　　斯捷伊尼茨—无名氏，伦敦，1864

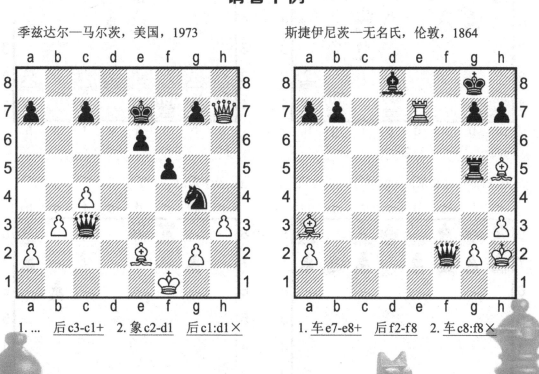

1. ...　　后 c3-c1+　　2. 象 c2-d1　　后 c1:d1×　　　　1. 车 e7-e8+　　后 f2-f8　　2. 车 c8:f8×

用后叫将（无拦截保护）

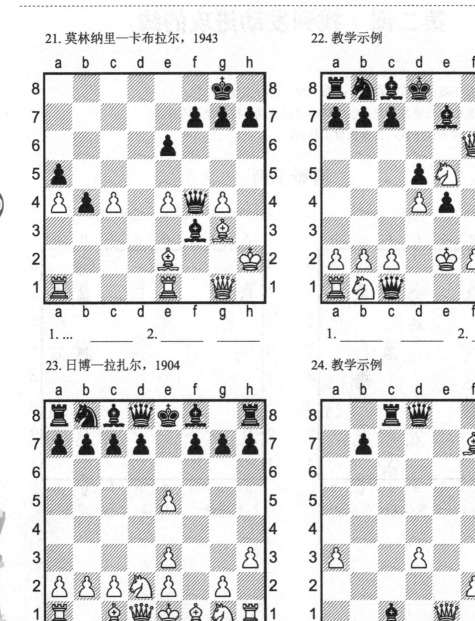

21. 莫林纳里—卡布拉尔，1943

1. ... _____ 2. _____

22. 教学示例

1. _____ 2. _____

23. 日博—拉扎尔，1904

1. ... _____ 2. _____

24. 教学示例

1. _____ 2. _____

用车叫将（无拦截保护）

25. 卡帕布兰卡—托马斯，1937

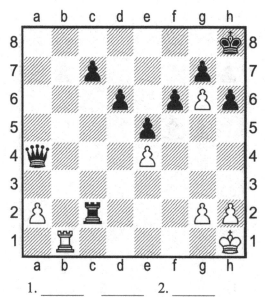

1. _____ _____ 2. _____

26. 安杰尔先—戈尔维茨，1948

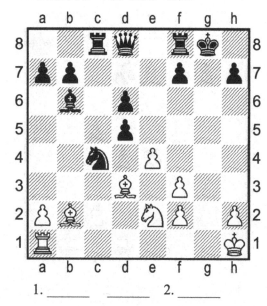

1. _____ _____ 2. _____

27. 斯姆尔奇卡—米赫利，1977

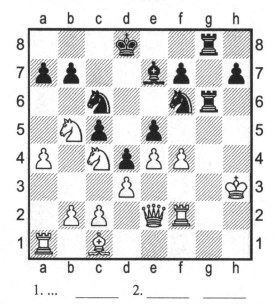

1. ... _____ _____ 2. _____

28. 沙尔克—涅伊恩道埃尔，1938

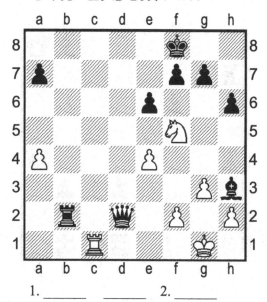

1. _____ _____ 2. _____

用象叫将（无拦截保护）

29. 亨金—马利采夫，1953

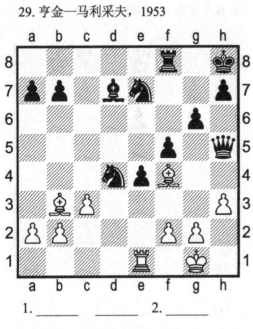

1. _____   2. _____

30. 教学示例

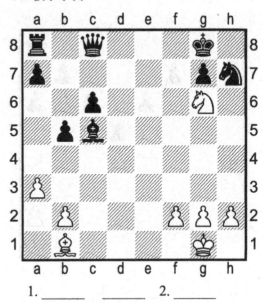

1. _____   2. _____

31. 萨利韦—无名氏，1906

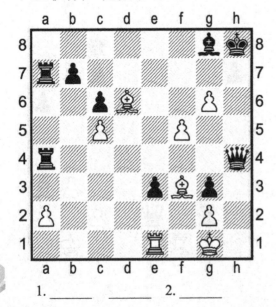

1. _____   2. _____

32. 阿桑诺夫—卡利什别科夫，1987

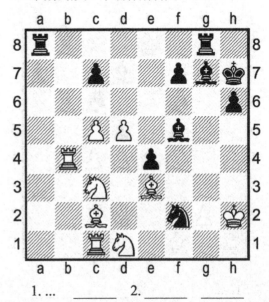

1. ... _____   2. _____

用象叫将（无拦截保护）

33. 缪尔列尔—沃利茨，1940

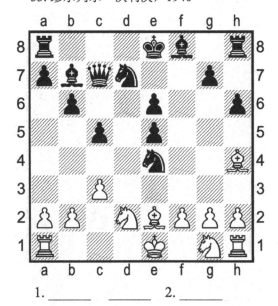

1. ＿＿＿＿　＿＿＿＿　2. ＿＿＿＿

35. 科斯京—索科洛夫，1975

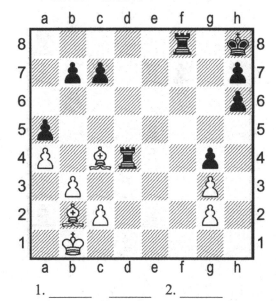

1. ＿＿＿＿　＿＿＿＿　2. ＿＿＿＿

34. 弗·斯塔姆马（爵士），1737

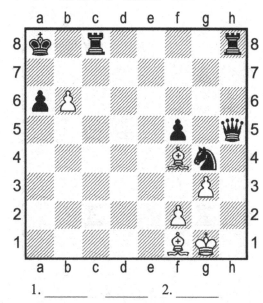

1. ＿＿＿＿　＿＿＿＿　2. ＿＿＿＿

36. 舒巴列维奇—特里丰诺维奇

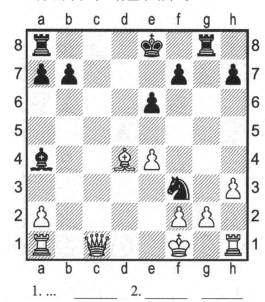

1. ...＿＿＿＿　＿＿＿＿　2. ＿＿＿＿

1000
国际象棋习题详解 提高篇

37. 克海奥夫—佩特罗夫，1964

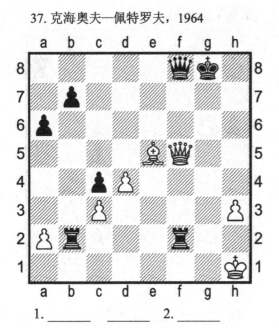

1. _____   2. _____

38. 佩列斯—绍杰·德·西兰

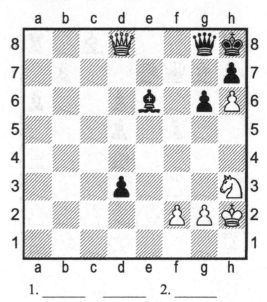

1. _____   2. _____

39. 别贡—卡片古特，1978

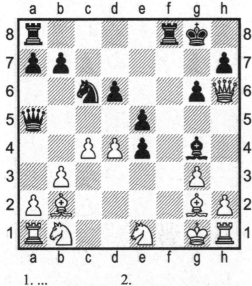

1. ... _____   2. _____

40. 斯克里波瓦—贝斯特里亚科瓦，1983

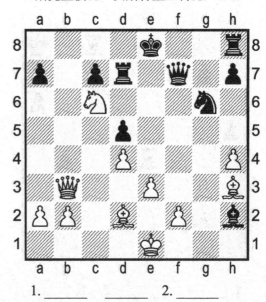

1. _____   2. _____

1000

国际象棋习题详解 提高篇

用后叫将（拦截保王）

41. 乌利曼—斯皮里东诺夫，1980

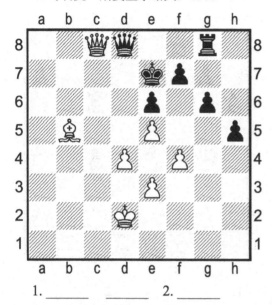

1. _____   _____   2. _____

42. 教学示例

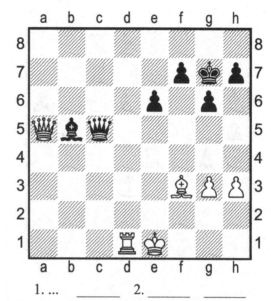

1. ... _____   2. _____

43. 布龙什捷伊恩—拉贝什金

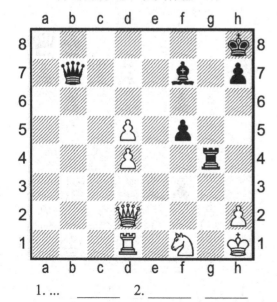

1. ... _____   2. _____   _____

44. 谢伊拉万—安德里耶维奇，1988

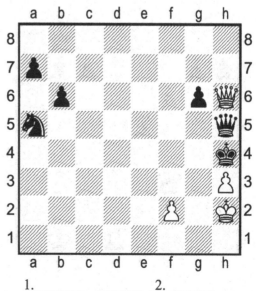

1. _____   _____   2. _____

45. 克韦伊尼斯—布奇斯，1978

46. 克列斯—阿廖欣，1937

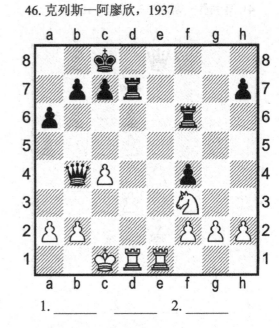

1. _____ 2. _____

1. _____ 2. _____

47. 金涅尔曼—无名氏，1934

48. 奇戈林—希夫费尔斯，1878

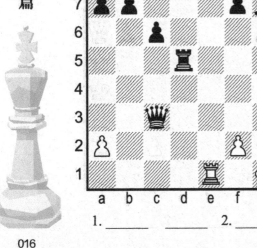

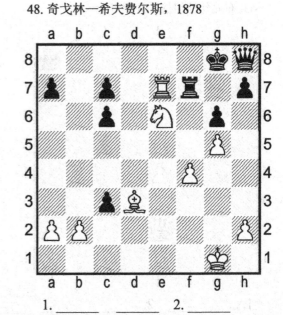

1. _____ 2. _____

1. _____ 2. _____

用车叫将（拦截保王）

49. 苏尔坦－汉·博戈柳博夫

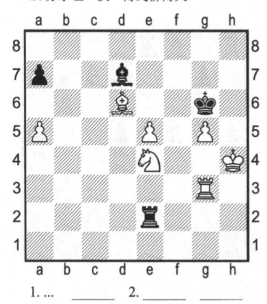

1. ... _____ 2. _____

50. 基尔·格奥尔吉耶夫—克里斯坚先

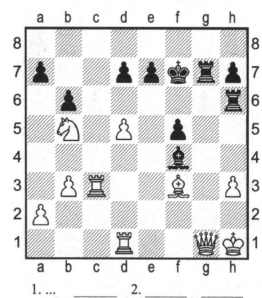

1. ... _____ 2. _____

51. 格林别尔克—科西奇，1988

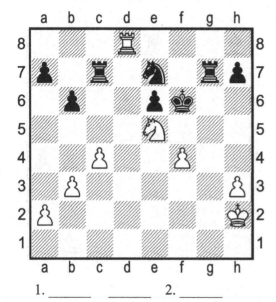

1. _____ 2. _____

52. 捷捷沃辛—叶甘尼扬，1984

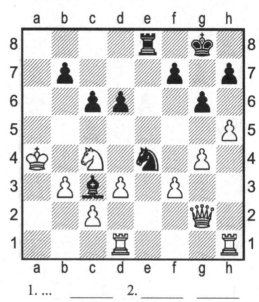

1. ... _____ 2. _____

53. 坚克尔—别克克尔，1947

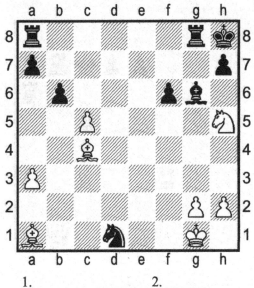

1. _____ 2. _____

54. 佩特罗相—帕赫曼，1961

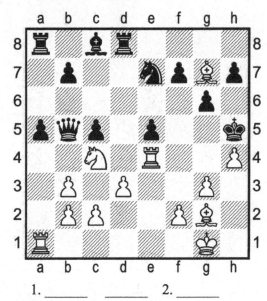

1. _____ 2. _____

55. 蓬尼亚科夫—尼基京，1984\86

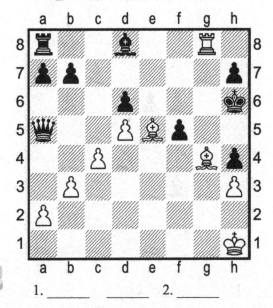

1. _____ 2. _____

56. 杰伊米松—贡加阿巴扎尔

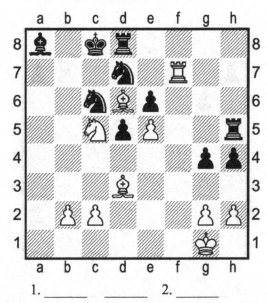

1. _____ 2. _____

第三课　从其他棋格夺取胜利

有时即便应将也不能将敌方棋子除掉，因为对方必定设有重防。

这时该怎么办呢？别忘了，此时这颗棋子也不能保护自己的王，他是受限的。我们就要利用这一点，尽快从其他棋格夺取胜利。

请看下例

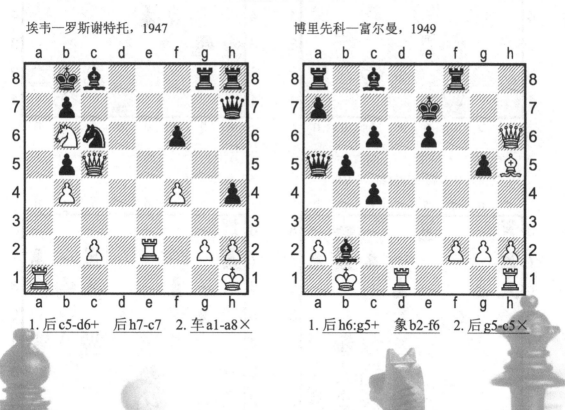

埃韦—罗斯谢特托，1947

1. 后 c5-d6+　后 h7-c7　2. 车 a1-a8×

博里先科—富尔曼，1949

1. 后 h6:g5+　象 b2-f6　2. 后 g5-c5×

由非叫将棋子实施封锁

57. 阿·斯昆—瓦尔拉莫夫，1975\77

58. 阿尔努·杰·里维耶尔—茹尔努

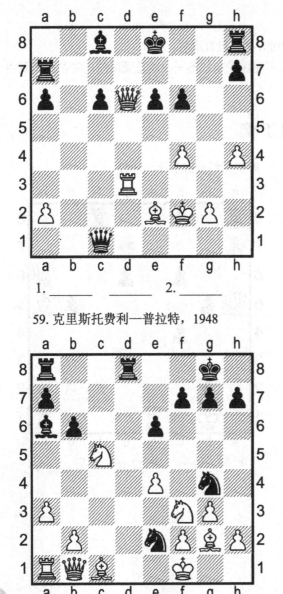

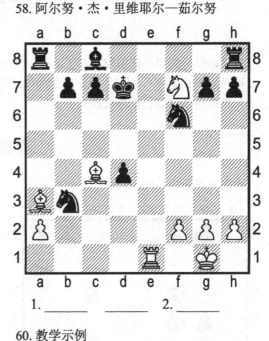

1. _____   2. _____

1. _____   2. _____

59. 克里斯托费利—普拉特，1948

60. 教学示例

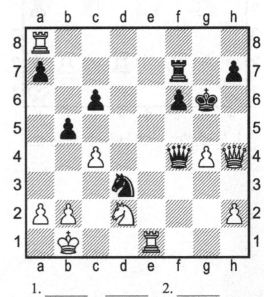

1. ... _____   2. _____

1. _____   2. _____

用 后 叫 将 并 封 锁

61. 库普费尔—博利，1881

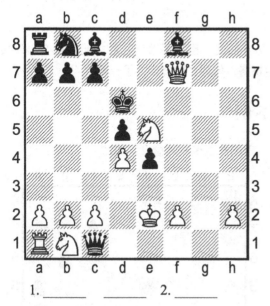

1. _____ _____ 2. _____

62. 列蒙—维列拉，1986

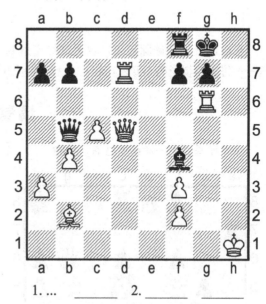

1. ... _____ 2. _____

63. 教学示例

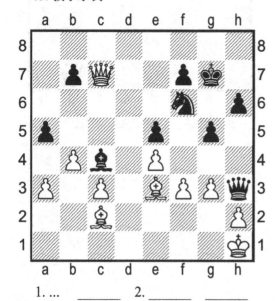

1. ... _____ 2. _____ _____

64. 克·托尔列—叶伊捷，1925

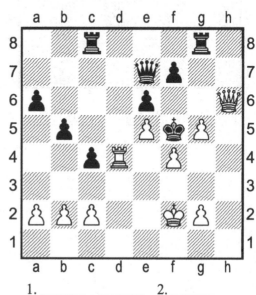

1. _____ 2. _____

第四课 巧用"被封印"

有时，既不能破除进攻，也无法给王解封。尽管如此，也不要泄气！通常此时就会出现转机——将王的棋子离不开所在线，也无法保护其他棋格，如同"被封印"了一般。

请看下例

克里斯季安先—罗德里格斯，1988

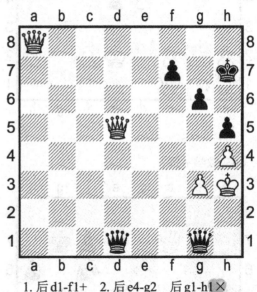

卡帕布兰卡—阿廖欣，1927

1. 后g6:h6+ 车a7-h7 2. 马e5-f7×

1. 后d1-f1+ 2. 后e4-g2 后g1-h1×

无 退 路

65. 塔尔拉什—舍韦，1892

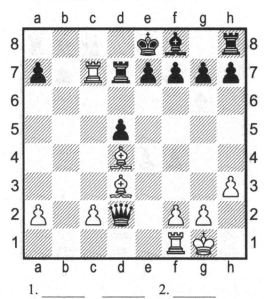

1. _____ _____ 2. _____

66. 云努索夫—捷列日金，1985\86

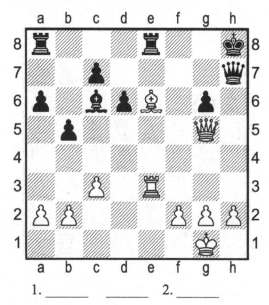

1. _____ _____ 2. _____

67. 列维茨—罗德戈尔，1984

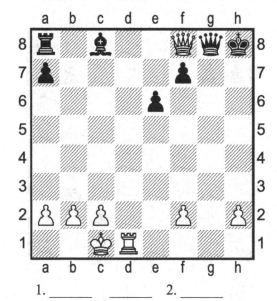

1. _____ _____ 2. _____

68. 汉先—希亚尔塔尔斯松，1985

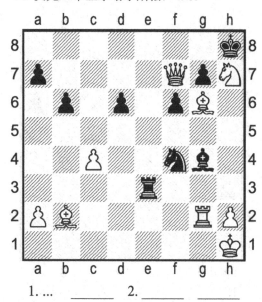

1. ... _____ 2. _____

69. 奈多尔夫—拉尔先，1968

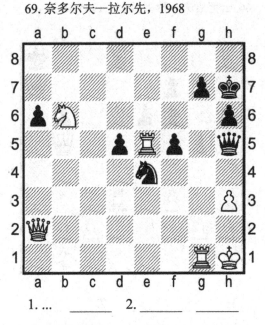

1. ... _____ 2. _____

70. 里恰尔茨—洛科克，1975

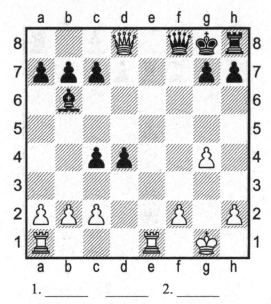

1. _____ 2. _____

71. 勒·普罗克什—埃秋特（决赛）

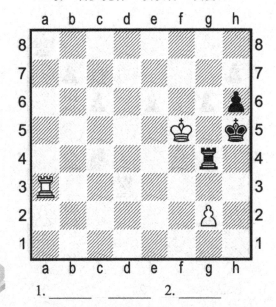

1. _____ 2. _____

72. 梅什特罗维奇—茨维坦，1988

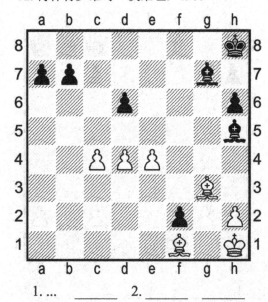

1. ... _____ 2. _____

进攻棋子假叫将

1000 国际象棋习题详解 提高篇

73. 乌奥尔特—布劳恩，1901

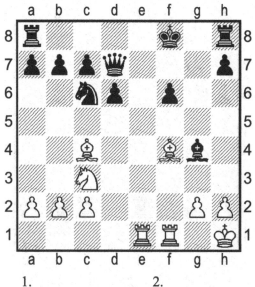

1. _____   _____   2. _____

74. 安托申—拉巴尔，1964

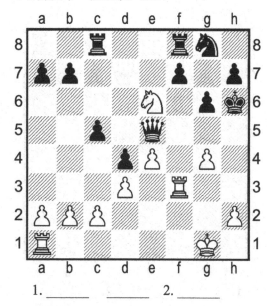

1. _____   _____   2. _____

75. 努伊—潘琴科，1981\82

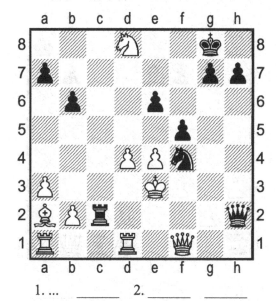

1. ...   _____   2. _____   _____

76. 教学示例

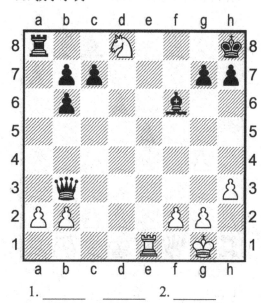

1. _____   _____   2. _____   _____

77. 布列伊耶尔—无名氏

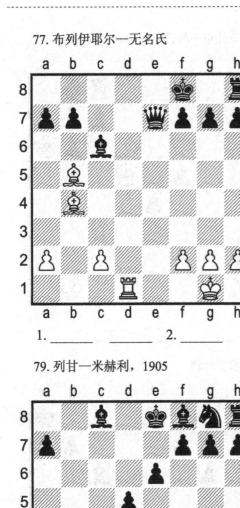

1. ＿＿＿＿＿ 2. ＿＿＿＿＿

78. 瓦利耶尔—塔利，1959

1. ... ＿＿＿＿＿ 2. ＿＿＿＿＿

79. 列甘—米赫利，1905

1. ... ＿＿＿＿＿ 2. ＿＿＿＿＿

80. 巴尔列—伊耶连，1979

1. ... ＿＿＿＿＿ 2. ＿＿＿＿＿

1000 国际象棋习题详解 提高篇

81. 马科贡诺夫—弗洛尔，1942

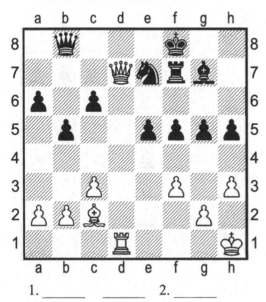

1. _____   2. _____

82. 阿列克桑德罗夫—叶戈尔舍夫，1985

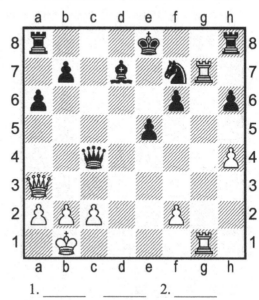

1. _____   2. _____

83. 教学示例

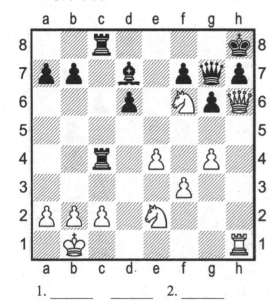

1. _____   2. _____

84. 弗列伊—维列拉，1983

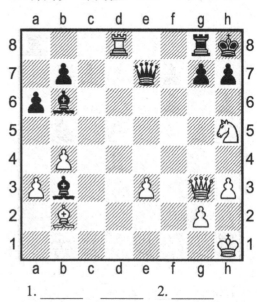

1. _____   2. _____

1000
国际象棋习题详解 提高篇

自己试试吧！

85. 格罗普—吉尔克，1925

1. ... _____ 2. _____ _____

86. 图佐夫斯基—科罗廖夫，1975

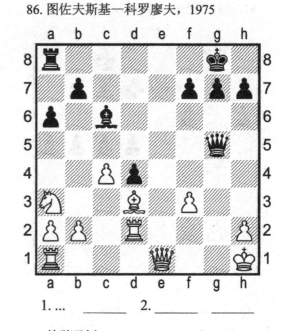

1. ... _____ 2. _____ _____

87. 教学示例

1. ... _____ 2. _____ _____

88. 教学示例

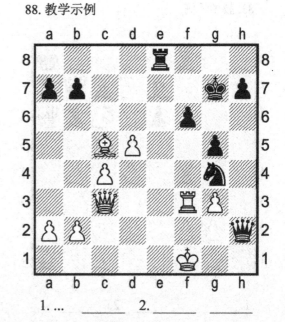

1. ... _____ 2. _____ _____

89. 加普林达什维利—韦列齐

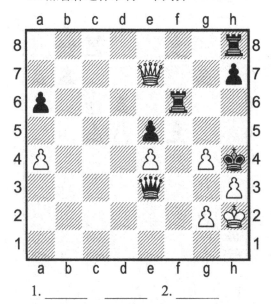

1. _____   _____ 2. _____

90. 梅斯捷尔—日夫法尔，1982

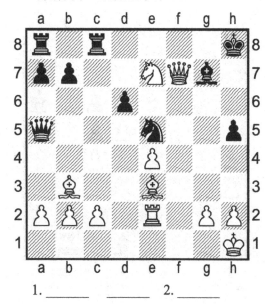

1. _____   _____ 2. _____

91. 苗林克—马泰，1985

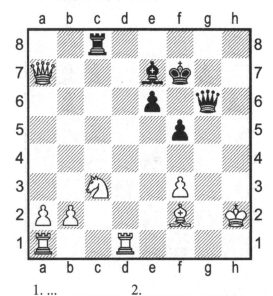

1. ... _____   2. _____

92. 洛赫捷—奥齐特科，1988

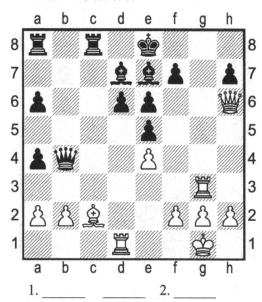

1. _____   _____ 2. _____

1000

国际象棋习题详解 提高篇

93. 波卢加耶夫斯基—西拉季，1960

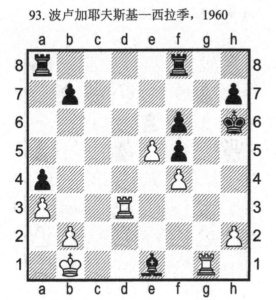

1. _____ _____ 2. _____

94. 格留恩费利特—托尔列，1925

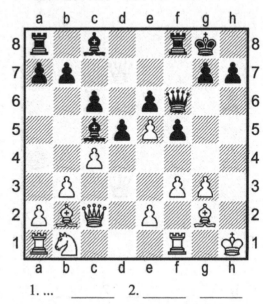

1. ... _____ 2. _____

95. 维列尔捷—科斯京纳，1972

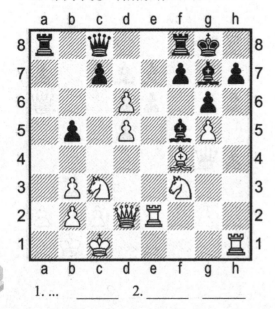

1. ... _____ 2. _____

96. 季克斯特拉—霍列切克，1961

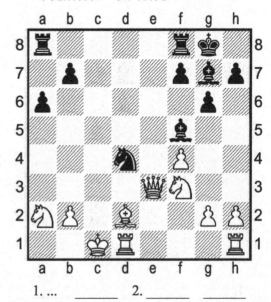

1. ... _____ 2. _____

1000
国际象棋习题详解 提高篇

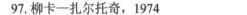

97. 柳卡—扎尔托奇，1974

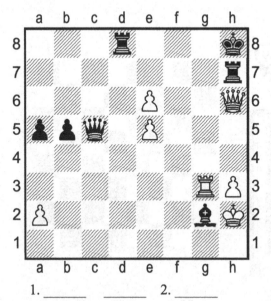

1. _____   2. _____

98. 伊·迈泽利斯，《国际象棋》

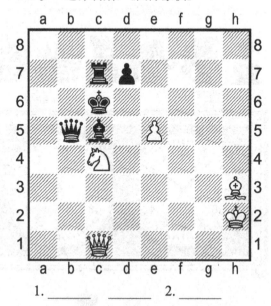

1. _____   2. _____

99. 科斯金年—什兰茨，1986\87

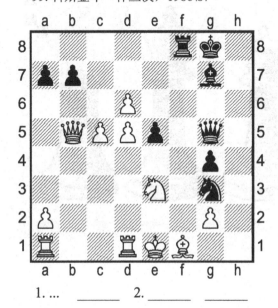

1. ... _____   2. _____

100. 卡林尼切夫—弗·列温，1985

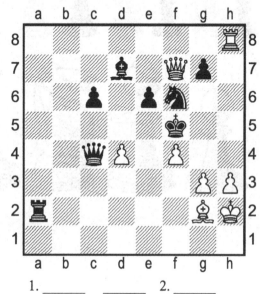

1. _____   2. _____

1000

国际象棋习题详解 提高篇

第二部分

两步杀——将杀格的争夺

"布局就是加速打击。"博特温尼克——世界冠军

"首先要学会布局，才能稳扎稳打。"

"如果认为会布局是天生的，后天无法学得会，那就大错特错了。每个有经验的棋手都知道，所有（或几乎所有）布局都是从已知元素中综合运用而来。"

"国际象棋中的组合攻击是基本的，是基础的，是成为一个好棋手必备的。但也正因如此，必须要了解各方战况，切忌为了布局而布局。"

——里哈尔特—列季，特级象棋大师《国际象棋ABC》

将杀前的献祭

祭品就是自愿牺牲的棋子，以此获得人数或位置上的优势，或对敌发动将杀。

将杀前的献祭能够减少地方实施保护（占领、掩护、国王出逃）的选择。这一招能够减损地方力量，或是解放原本被困的己方攻击力量。唯有精确的计算并选择正确的攻击方向，才能为下一步将杀做好准备。

为达成目标，需得万事俱备——为叫将做出牺牲！

在本篇中，您将能够了解到各种布局思路。通过后面一系列的练习，棋盘上的每个子都不再在棋盘上孤军奋战。这将对您大有裨益。

1000 国际象棋习题详解 提高篇

第五课　占领

若进攻方占优，则可把将杀格内的保护力量杀个片甲不留。对方无法拒绝这样的"献祭"，因其王被"将"着。

将后卫旗子拖近将杀格，即可发动致命一击。

请看下例

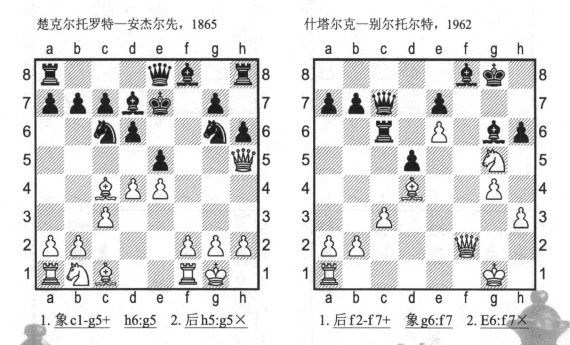

楚克尔托罗特—安杰尔先，1865

1. 象c1-g5+　　h6:g5　　2. 后h5:g5×

什塔尔克—别尔托尔特，1962

1. 后f2-f7+　　象g6:f7　　2. E6:f7×

101. 教学习题

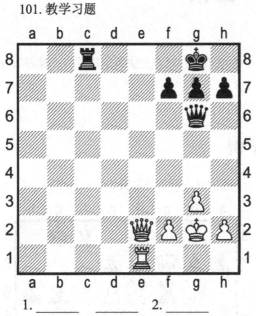

1. _____ 2. _____

102. 马图洛维奇—阿斯法里，1972

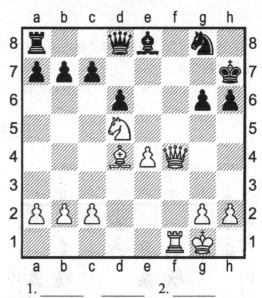

1. _____ 2. _____

103. 卡斯佩尔—格罗特克，1977

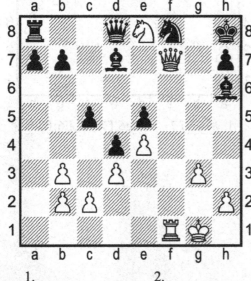

1. _____ 2. _____

104. 巴尔克—巴里斯，1926

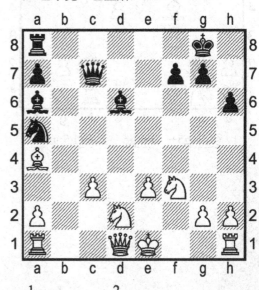

1. ... _____ 2. _____

1000 国际象棋习题详解 提高篇

105. 波泽罗夫—昆斯托维奇，1967

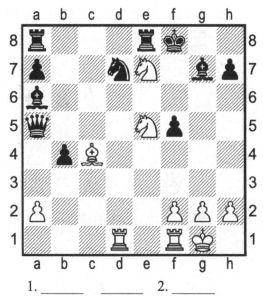

1. _____　　2. _____

106. 皮利兹别里—无名氏，1900

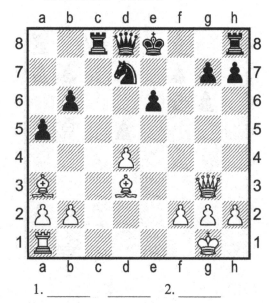

1. _____　　2. _____

107. 丰捷伊恩—埃韦

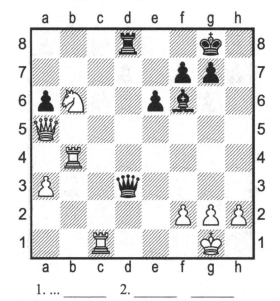

1. ... _____　　2. _____

108. 莫尔菲—佩尔伦，1859

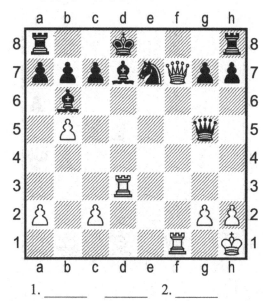

1. _____　　2. _____

1000

国际象棋习题详解 提高篇

占领将杀格（3 攻 > 2 守）

109. 奇戈林—无名氏，1880

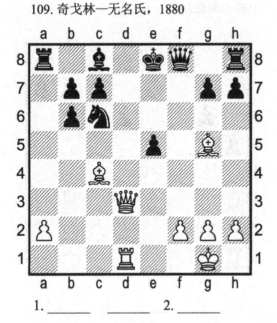

1. _____ 2. _____

110. 教学示例

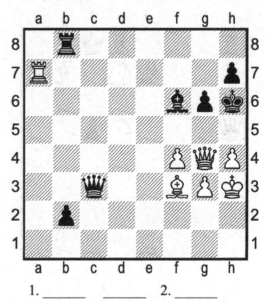

1. _____ 2. _____

111. 罗曼年科—库尔巴托夫，1963

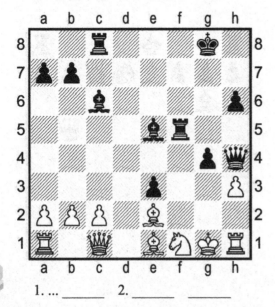

1. ... _____ 2. _____ _____

112. 基亚尔涅尔—皮亚埃连，1977

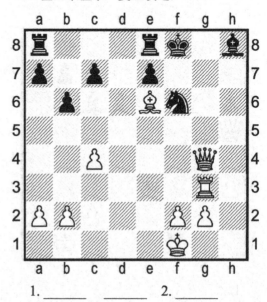

1. _____ 2. _____

第六课　摧毁将杀格

通常，当某一子（小兵）起到主要保护作用时，敌方会立刻想到要将其（小兵）献祭，以便形成将杀格。

请看下例

维克斯特连—武特，1947　　　　　　　　　教学示例

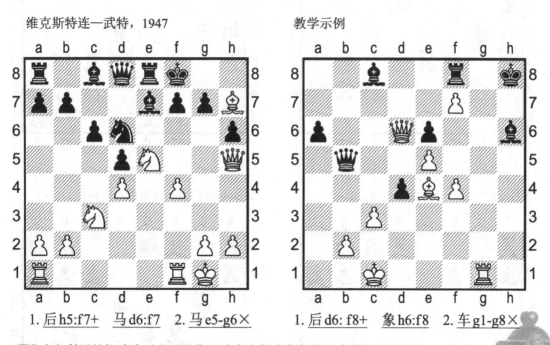

1. 后 h5:f7+　马 d6:f7　2. 马 e5-g6×　　　1. 后 d6: f8+　象 h6:f8　2. 车 g1-g8×

进攻方利用献祭消除了主要防御。防守方的防御能力完全被摧毁！

113. 阿韦尔金—别尔季切夫斯基

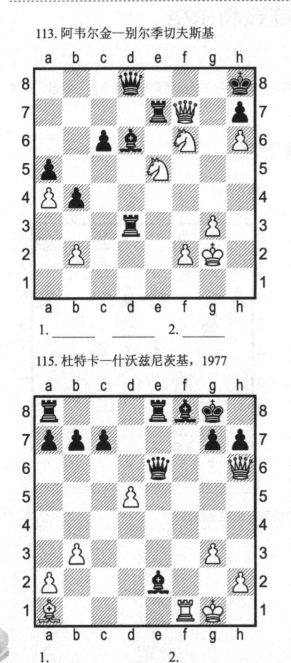

1. _____ 2. _____

114. 教学示例

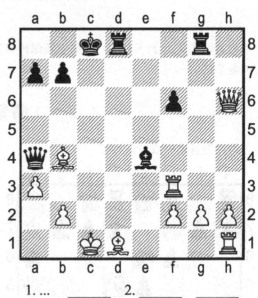

1. ... _____ 2. _____

115. 杜特卡—什沃兹尼茨基，1977

1. _____ 2. _____

116. 列伊恩列—沙伊恩布鲁格尔，1947

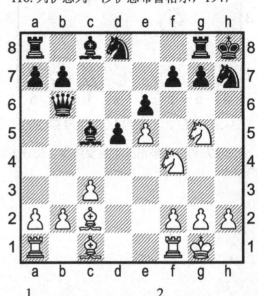

1. _____ 2. _____

第七课 分解保护

将大子（小兵）从保护格中支开，才能发动叫将。通常此时，进攻方会采取献祭。
大子（或小兵）通常占据着将杀格。此时就需要用献祭来分解保护力量。

请看下例

梅金娜—桑茨，1975　　　　　　　　　楚克尔托尔特—安杰尔先，1865

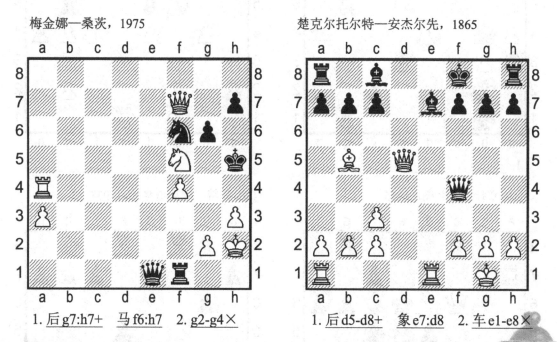

1. 后 g7:h7+　马 f6:h7　2. g2-g4×　　1. 后 d5-d8+　象 e7:d8　2. 车 e1-e8×

超负荷的运转必然带来大罢工，即大子儿（或小兵）需要同时完成两项（或更多的）保护任务（如左侧 f6 马，右侧 e7 象）。

117. 弗—斯塔姆马，1737

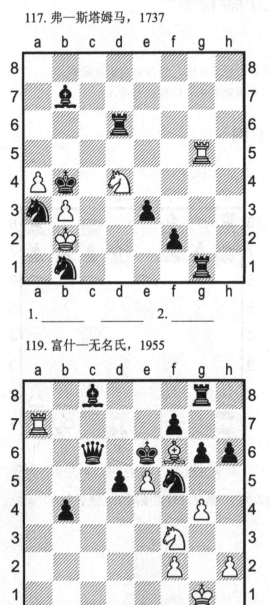

1. _____ _____   2. _____

118. 佐伊布赫利—什普罗伊捷尔，1977

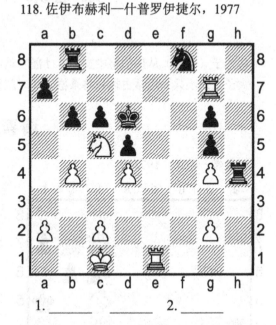

1. _____   2. _____

119. 富什—无名氏，1955

1. _____ _____   2. _____

120. 托特—阿斯塔洛什，1938

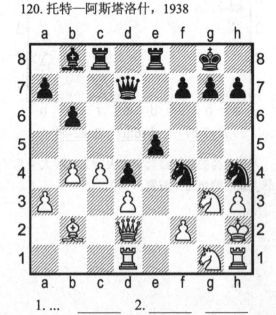

1. ... _____   2. _____

1000 国际象棋习题详解 提高篇

支 开 车

121. 尤诺索夫—利沃夫，1985

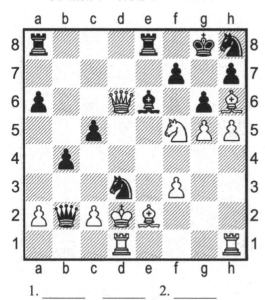

1. _____   2. _____

122. 措伊涅尔—哈安，1937

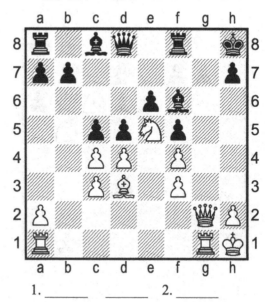

1. _____   2. _____

123. 舒莫夫—扬尼什，1854

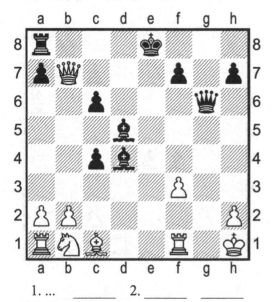

1. ... _____   2. _____ _____

124. 教学示例

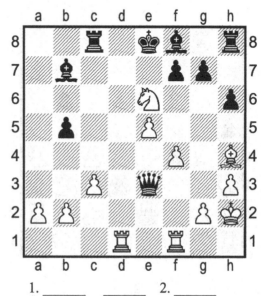

1. _____   2. _____ _____

1000 国际象棋习题详解 提高篇

支 开 后

125. 埃尔杰什—利赫特涅尔，1922

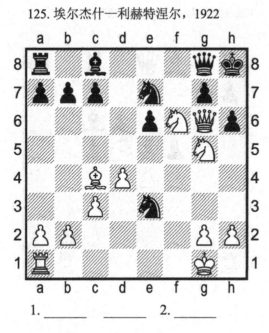

1. _____   2. _____

126. 斯莫利尼科夫—米京，1977

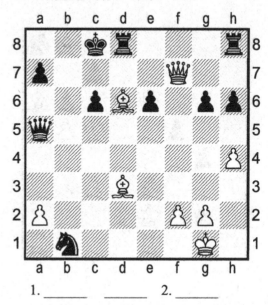

1. _____   2. _____

127. 科斯金年—卡桑年，1967

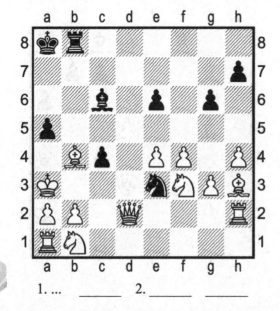

1. ... _____   2. _____

128. 卡日奇—武科维奇，1940

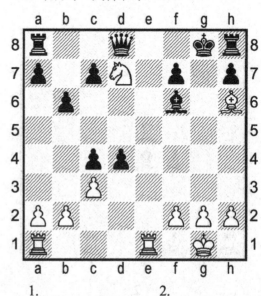

1. _____   2. _____

1000 国际象棋习题详解 提高篇

支开 8 线上的王

129. 达尔西利—伊班涅斯，1984

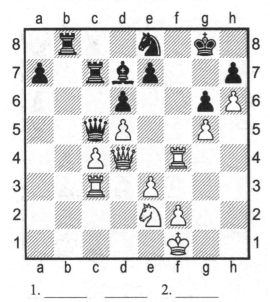

1. _____ _____ 2. _____

130. 阿廖欣—马罗齐，1931

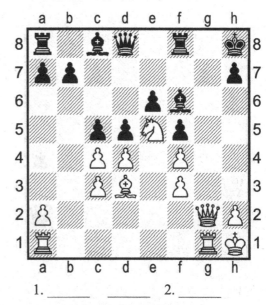

1. _____ _____ 2. _____

131. 弗·斯塔姆马，1734

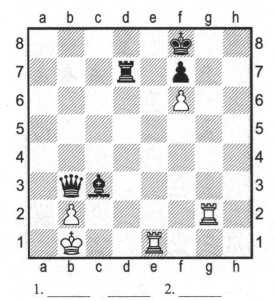

1. _____ _____ 2. _____

132. 伊万诺夫—季米特罗夫，1958

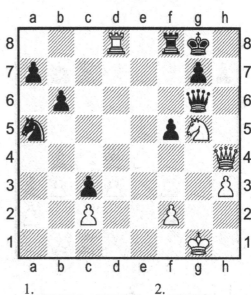

1. _____ _____ 2. _____

支开 1 线上的王

1000 国际象棋习题详解 提高篇

133. 格奥尔吉乌—刘，1982

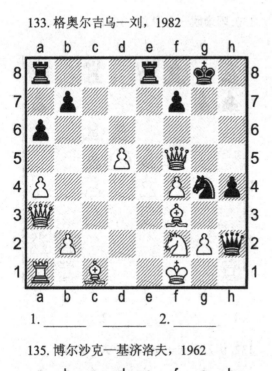

1. _____   2. _____

134. 梅列克利什维利—列卢阿什维利

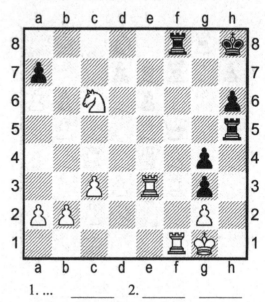

1. ... _____   2. _____

135. 博尔沙克—基济洛夫，1962

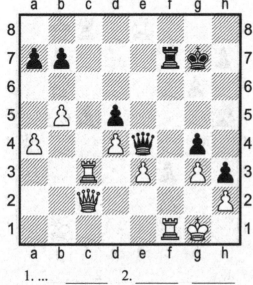

1. ... _____   2. _____

136. 加尤科夫—斯卢茨克尔，1990

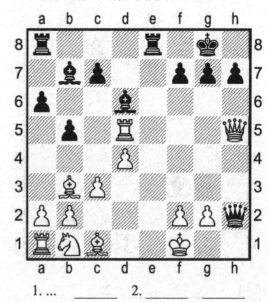

1. ... _____   2. _____

支开 h 行上的王

137. 马德戈特—包姆加尔季耶尔, 1958

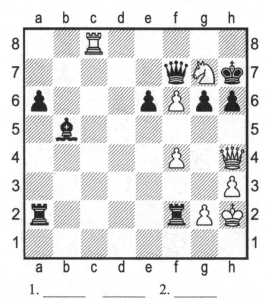

1. _____ 2. _____

138. 普列季季斯—克里维兹赫, 1985

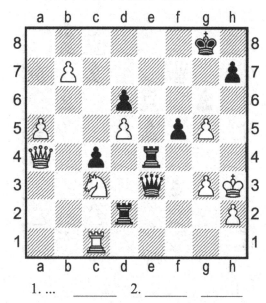

1. ... _____ 2. _____

139. 卢潘诺夫—古谢夫, 1922

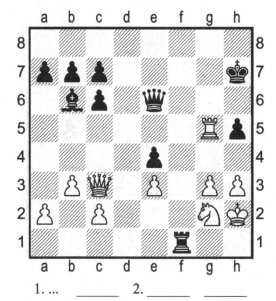

1. ... _____ 2. _____

140. 塔利—别尔隆, 1986

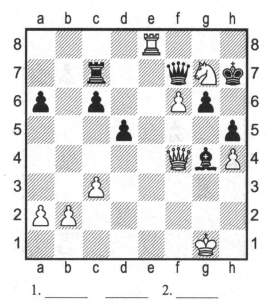

1. _____ 2. _____

1000

国际象棋习题详解 提高篇

支开斜线上的兵

141. 杜拉斯—洛奥安特，1907

1. _____　　2. _____

142. 阿廖欣—阿兹吉耶连，1931

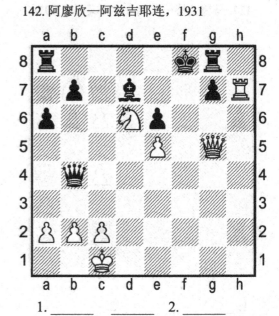

1. _____　　2. _____

143. 波利温—克列伊奇克，1954

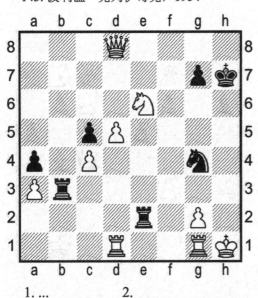

1. ... _____　　2. _____

144. 布兰克—费尔杰尔戈尔，1912

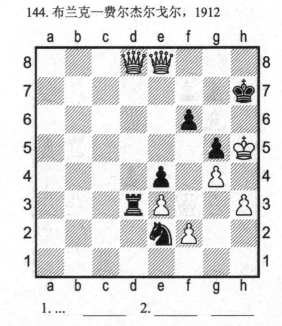

1. ... _____　　2. _____

分解垂直方向上的小兵掩护

145. 卡普兰一根里赫，1974

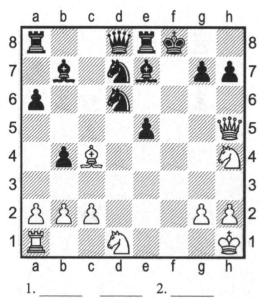

1. _____   2. _____

146. 米奥洛一科瓦切维奇，1983

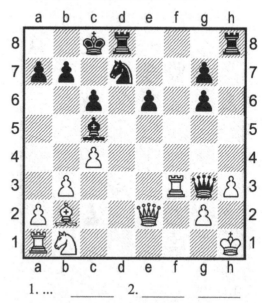

1. ... _____   2. _____

147. 教学示例

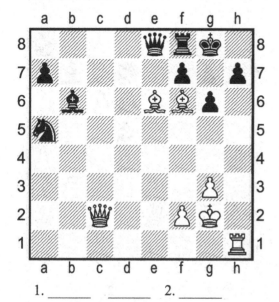

1. _____   2. _____

148. 温捷尔一科尔列，1930

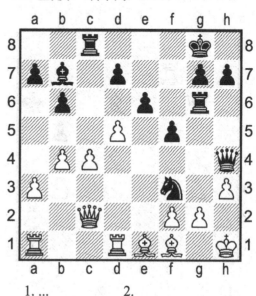

1. ... _____   2. _____

149. 罗梅罗—图克马科夫，1991

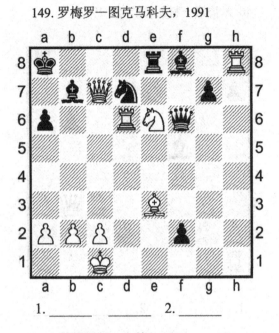

1. _____ 　　2. _____

150. 楚克尔曼—武阿津，1928

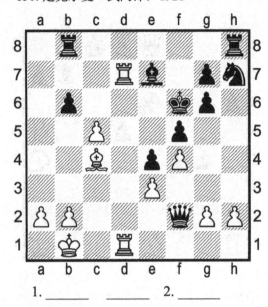

1. _____ 　　2. _____

151. 赫姆佩尔—古特，1963

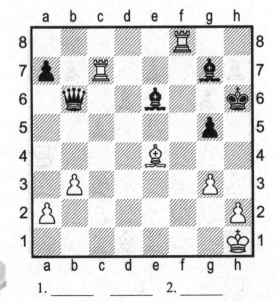

1. _____ 　　2. _____

152. 什捷尔恩—加利克，1956

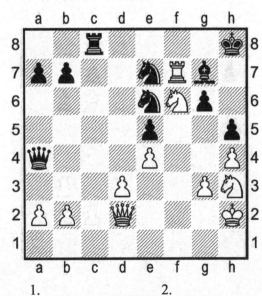

1. _____ 　　2. _____

分解垂直方向上的大子掩护

153. 巴尔巴卡泽—罗季翁诺夫，1980

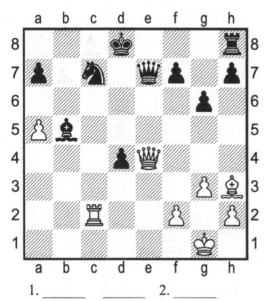

1. _____　　2. _____

154. 奥斯特罗波尔斯基—伊万诺夫斯基

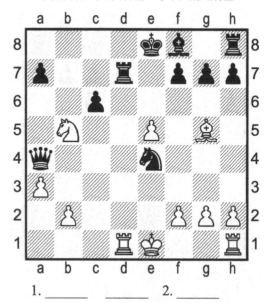

1. _____　　2. _____

155. 波尔洛克—孔苏利坦特，1893

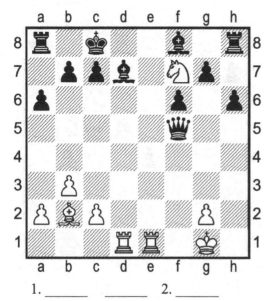

1. _____　　2. _____

156. 科尔坦诺夫斯基—加尔谢伊，1959

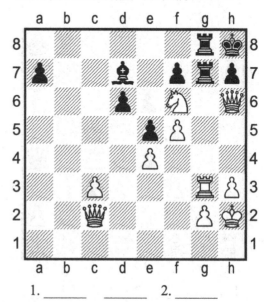

1. _____　　2. _____

1000

国际象棋习题详解　提高篇

分解水平方向上的大子掩护

1000 国际象棋习题详解 提高篇

157. 尼姆措维奇—阿拉平，1912

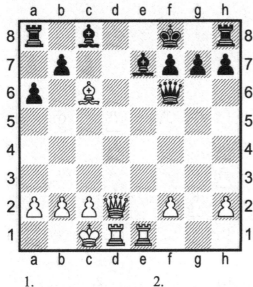

1. _____   2. _____

158. 莫尔菲—孔苏利坦特，1858

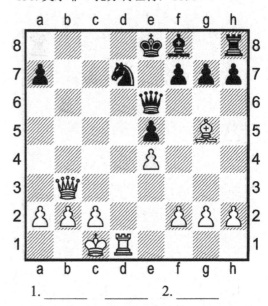

1. _____   2. _____

159. 列伊涅尔—斯捷伊尼茨，1860

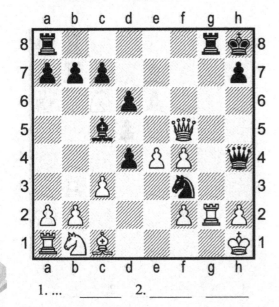

1. ... _____   2. _____

160. 莫尔泽—巴舍伊恩

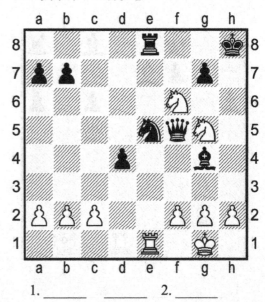

1. _____   2. _____

第八课　解放

　　己方大子（或小兵）也可能阻碍了向敌王进攻的道路。这就必须得将这一格解放出来，供其他大子（或小兵）前进。一个"笨拙的"棋子挪开了，把自己"献祭"了。另一个更为"灵活的"棋子就可以完成重要的攻击计划。

　　此时清扫整行为得是打开一整条路径，以直达将杀格。

请看下例

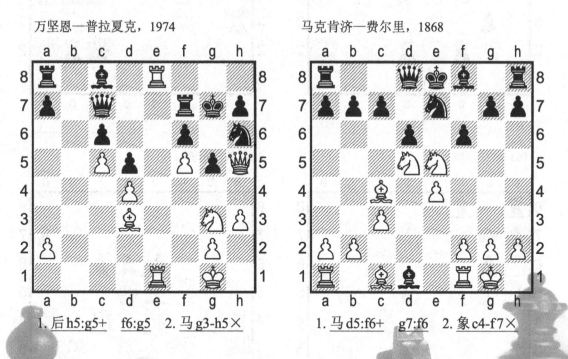

万坚恩—普拉夏克，1974

1. 后 h5:g5+　f6:g5　2. 马 g3-h5×

马克肯济—费尔里，1868

1. 马 d5:f6+　g7:f6　2. 象 c4-f7×

解放小兵

161. 博戈柳博夫—卡帕布兰卡

162. 格奥尔加泽—库因吉，1973

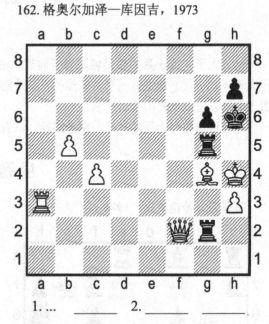

1. ... _____ 2. _____

163. 教学示例

164. 教学示例

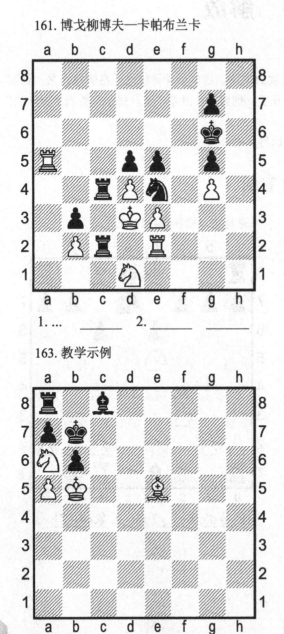

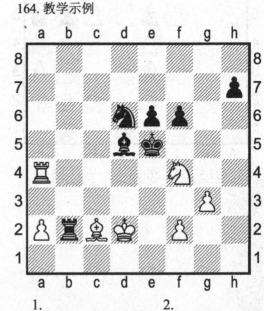

1. _____ 2. _____

解 放 马

165. 龙涅法特—赖赫尔，1950

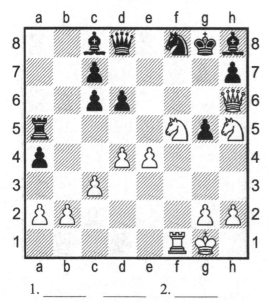

1. _____   2. _____

166. 教学示例

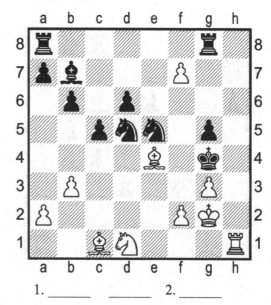

1. _____   2. _____

167. 斯托伊卡—利·茨尊尼扬，1982

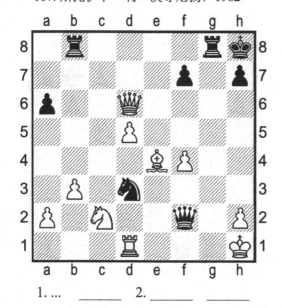

1. ... _____   2. _____

168. 教学示例

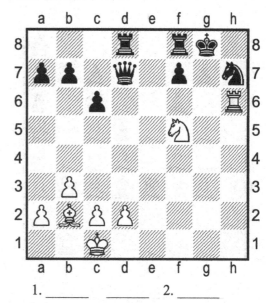

1. _____   2. _____

1000

国际象棋习题详解 提高篇

169. 教学示例

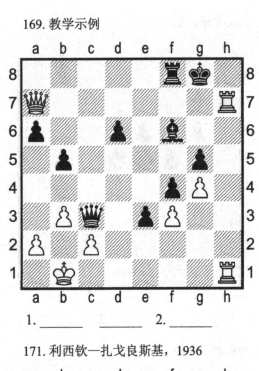

1. _____ _____ 2. _____

170. 双方皆为初学者，1951

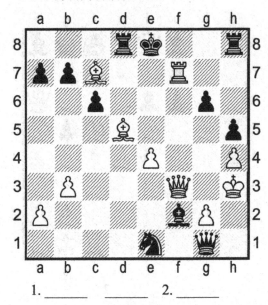

1. _____ _____ 2. _____

171. 利西钦—扎戈良斯基，1936

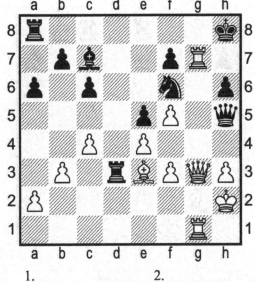

1. _____ _____ 2. _____

172. 韦尔申宁—阿赫梅占诺夫

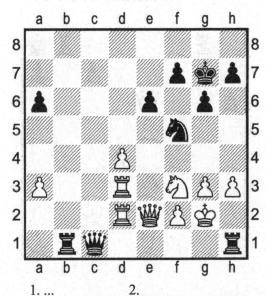

1. ... _____ 2. _____

1000

国际象棋习题详解 提高篇

解放对角线

173. 索尔曼尼斯—阿拉温，1981

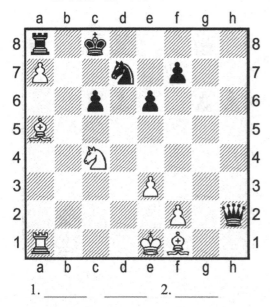

1. _____   _____   2. _____

174. 格拉德科夫—克夫拉什维利，1984

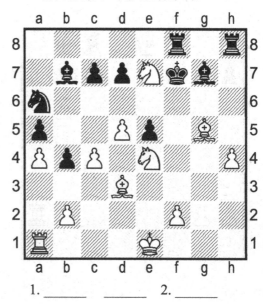

1. _____   _____   2. _____

175. 斯特列利斯—拉齐斯，1980

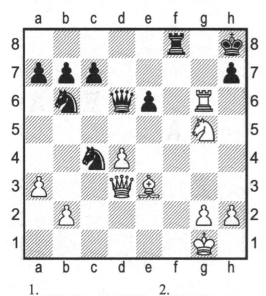

1. _____   _____   2. _____

176. 教学示例

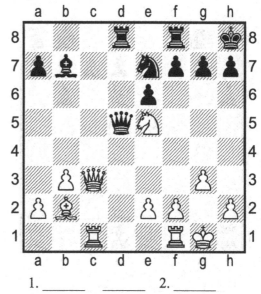

1. _____   _____   2. _____

1000

国际象棋习题详解 提高篇

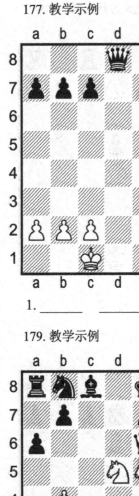

177. 教学示例

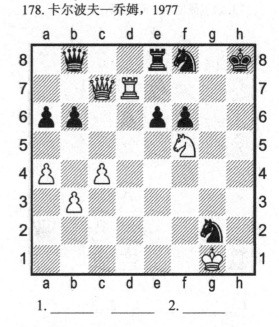

178. 卡尔波夫—乔姆，1977

1. _____   _____   2. _____

179. 教学示例

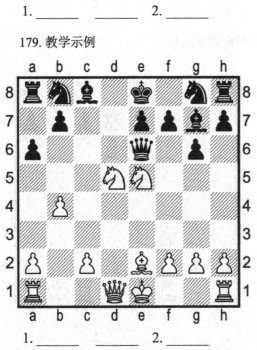

180. 列维—费尔列尔，1970

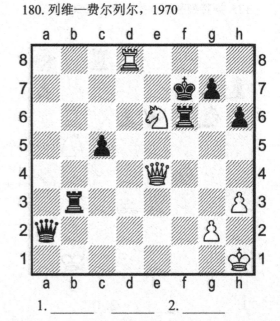

1. _____   _____   2. _____

181. 莫洛特科夫斯基—杰阿孔

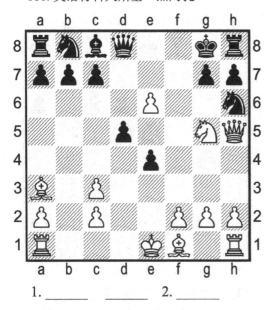

1. _____   _____   2. _____

182. 奈姆·阿尔—哈季夫，决赛练习

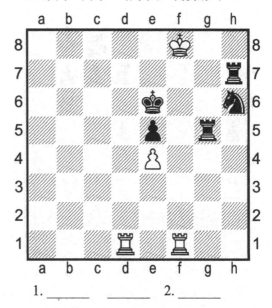

1. _____   _____   2. _____

183. 富什—乌利曼，1961

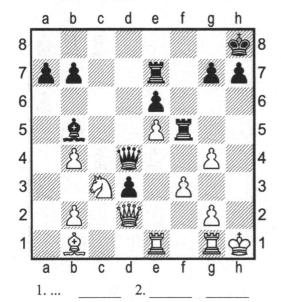

1. ... _____   2. _____

184. 埃杰利什捷伊恩—亚日热，1957

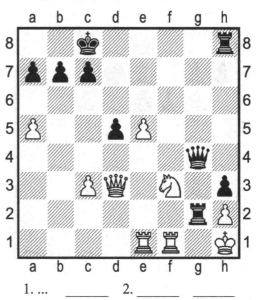

1. ... _____   2. _____

1000
国际象棋习题详解 提高篇

185. 尼孔诺夫—哈尔金，1981

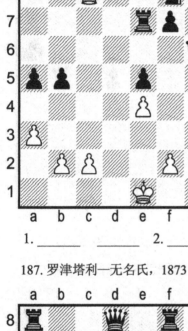

1. _____ 2. _____

186. 波里亚金—扎布洛茨基，1975

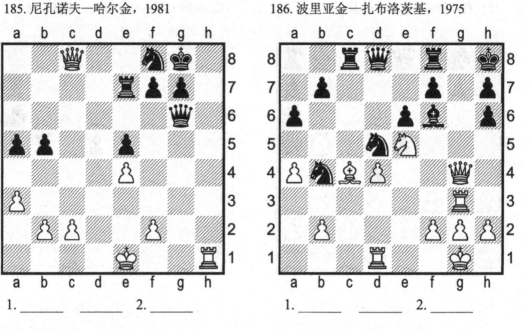

1. _____ 2. _____

187. 罗津塔利—无名氏，1873

1. _____ 2. _____

188. 埃尔科利—杰利·里奥

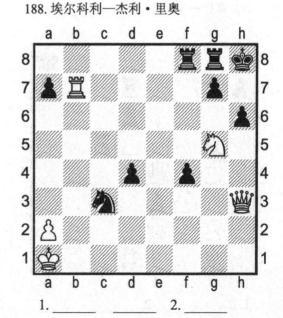

1. _____ 2. _____

1000 国际象棋习题详解 提高篇

自己试试看！

189. 科利耶—库佩尔斯米特，1978

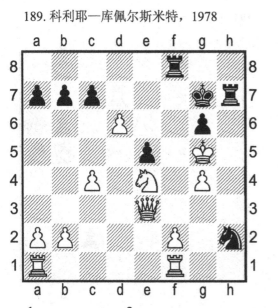

1. ... _____ 2. _____ _____

190. 卡梅绍夫—索科利斯基，1938

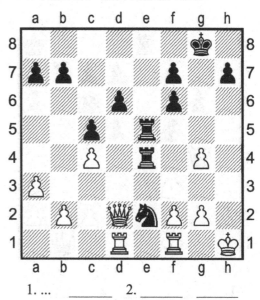

1. ... _____ 2. _____ _____

191. 斯捷芬松—布赖恩，1962

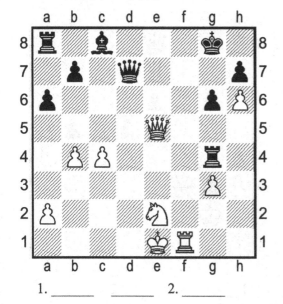

1. _____ _____ 2. _____ _____

192. 季莫申科—巴拉绍夫，1990

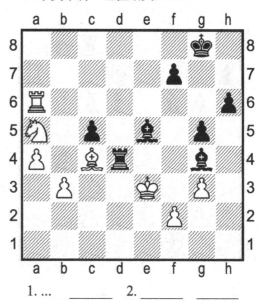

1. ... _____ 2. _____ _____

193. 茹拉夫廖夫—丘马琴科，1952

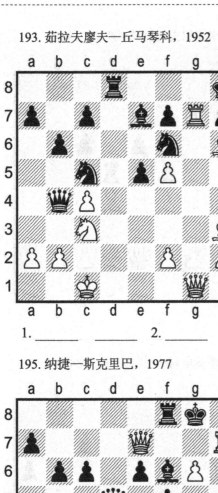

1. _____ 2. _____

194. 弗·雷夫金，1982

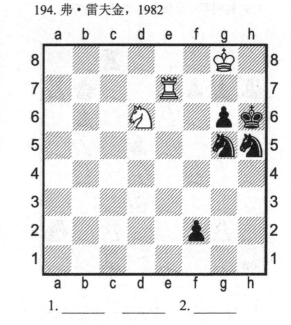

1. _____ 2. _____

195. 纳捷—斯克里巴，1977

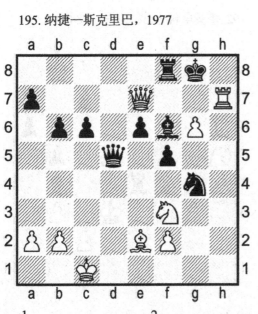

1. _____ 2. _____

196. 罗斯索利莫—武特，1940

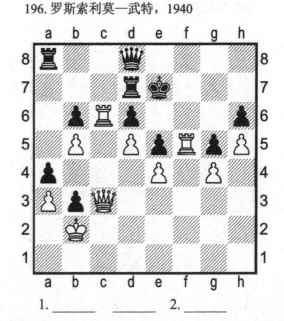

1. _____ 2. _____

1000
国际象棋习题详解 提高篇

197. 维泽—穆列尚，1979

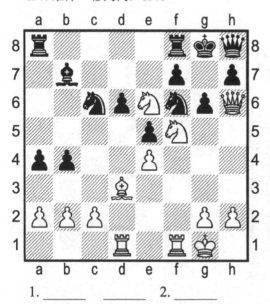

1. _____ _____ 2. _____

198. 日特科夫—维托林什，1976

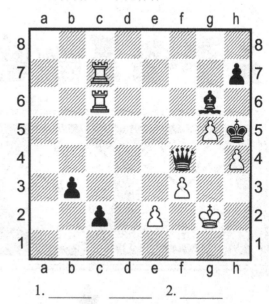

1. _____ _____ 2. _____

199. 扬诺舍维奇—佩特罗相，1978

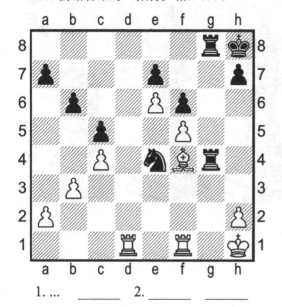

1. ... _____ 2. _____ _____

200. 沃洛什尼科夫—罗曼诺夫，1980

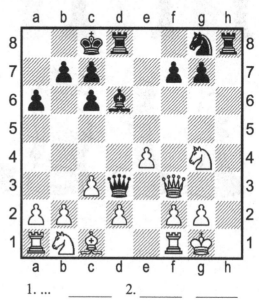

1. ... _____ 2. _____ _____

1000

国际象棋习题详解 提高篇

第三部分

两步杀——如何直取国王

"国际象棋的真相隐藏在脑子里，而不是展现在棋盘上。"

——P·列利，特级国际象棋大师

"理智且正确的献祭，正如整体布局，取决于前沿阵地上有适合的进攻条件。"

"棋手无法'创造'布局。布局必是建立在现有基础之上。"

"技工的动机和布局须与献祭的整体规划相联系。"

"当我们整体分析献祭的战术思想和进攻动机时不难发现，期间的关联——若没有献祭，整盘布局就难以实现。而这一战术技巧无疑需要大量的实战练习。"

——伊戈里—邦达列夫斯基，特级国际象棋大师

战术动机

每一次对战中，都要有先决条件，其次才能有目标明确、实施合理的进攻威胁。

每一局棋中这样的进攻威胁也并不少见，但最重要的是要剑指其王。本书中就将一一为您解析王之困境。我们来看看如何实现进攻的念头，并最终夺取胜利。

运用"献祭—封锁"的指导思想，我们可以大大缩小王的可移动范围。这一指导思想为的是诱敌、分解掩护或摧毁掩护。

第九课 锁王

为了限制敌人的流动性，你可以吸引敌人的力量。在"献祭"的帮助下，将敌方大子（或小兵）吸引到"需要"他的地方去，使之在王需要救援的时候，鞭长莫及。

请看下例

波良斯基—格尔奇科夫，1949

宰采夫—米哈利奇辛，1984

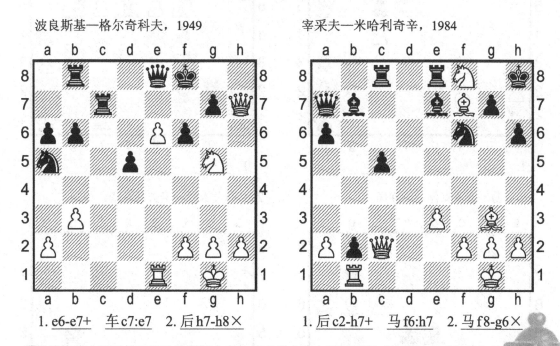

1. e6-e7+　车c7:e7　2. 后h7-h8×

1. 后c2-h7+　马f6:h7　2. 马f8-g6×

封锁格缩小了王的可移动范围还会在他的必经之路上设置障碍（特别是在"闷杀"的情况下）。

牺牲兵封锁王

201. 什普林格尔—阿韦尔巴赫，1958

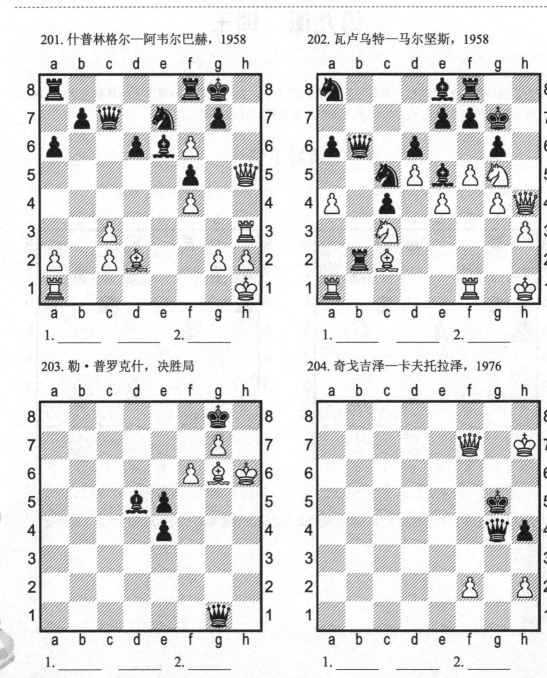

1. _____   2. _____

202. 瓦卢乌特—马尔坚斯，1958

1. _____   2. _____

203. 勒·普罗克什，决胜局

1. _____   2. _____

204. 奇戈吉泽—卡夫托拉泽，1976

1. _____   2. _____

牺牲车封锁王

205. 沙布林斯基—乌什卡尔，1974

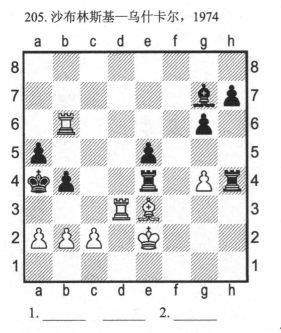

1. _____ 2. _____

206. 诺维科夫—瓦伊涅尔曼，1979

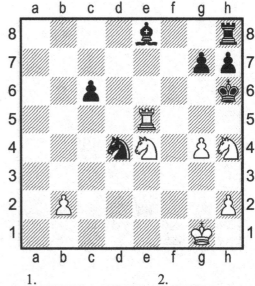

1. _____ 2. _____

207. 教学示例

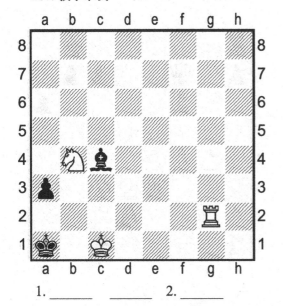

1. _____ 2. _____

208. 伊·潘贾基泽—尤·阿科比亚

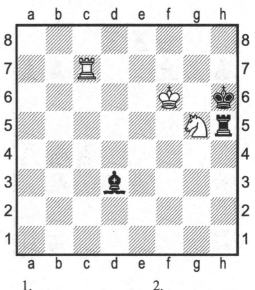

1. _____ 2. _____

1000
国际象棋习题详解 提高篇

209. 西夫—卡什丹，1948

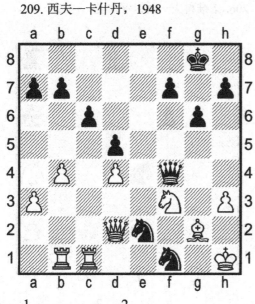

1. ... _____ 2. _____

210. 韦斯捷林年—拉祖瓦耶夫，1969

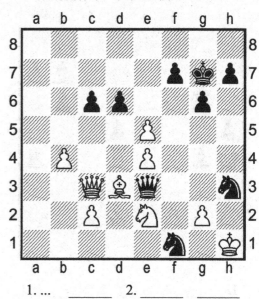

1. ... _____ 2. _____

211. 迈耶特—楚克尔托尔特，1868

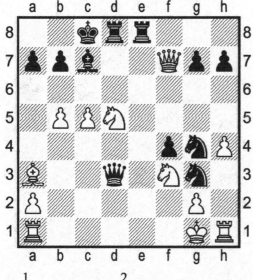

1. ... _____ 2. _____

212. 皮拉尔日—克维恰拉，1899

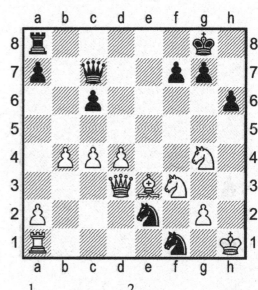

1. ... _____ 2. _____

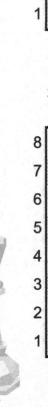

1000

国际象棋习题详解 提高篇

牺牲后封锁王

213. 列伊先—杜拉斯，1905

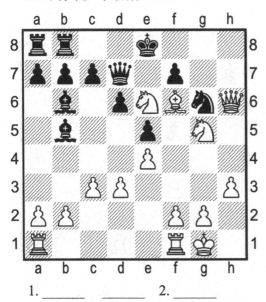

1. _____ _____   2. _____

214. 尼斯尔别克—基，1946

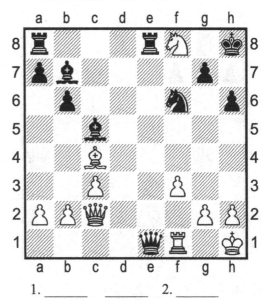

1. _____ _____   2. _____

215. 阿列欣—无名氏，1933

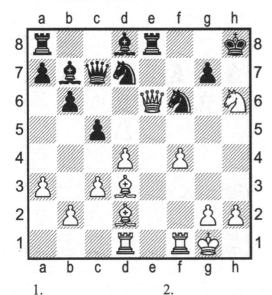

1. _____ _____   2. _____

216. 切赫洛夫—瓦西利耶夫，1977

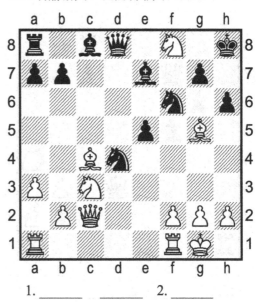

1. _____ _____   2. _____

1000

国际象棋习题详解 提高篇

217. 哈尔特劳普—沙阿夫，1907

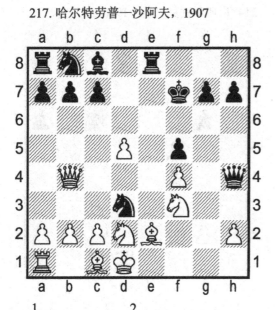

1. ... ＿＿＿＿　2. ＿＿＿＿　＿＿＿＿

218. 加布兰斯—普里耶季季斯，1978

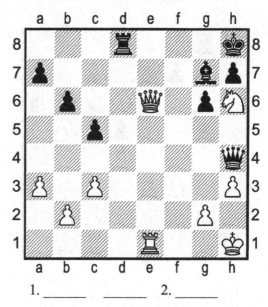

1. ＿＿＿＿　＿＿＿＿　2. ＿＿＿＿　＿＿＿＿

219. 济利别尔—莫斯科维奇，1973

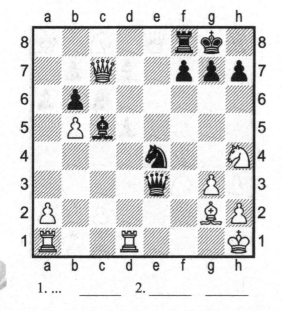

1. ... ＿＿＿＿　2. ＿＿＿＿　＿＿＿＿

220. 莫尔菲—布赖安，1859

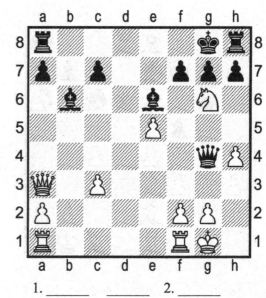

1. ＿＿＿＿　＿＿＿＿　2. ＿＿＿＿　＿＿＿＿

1000

国际象棋习题详解 提高篇

牺牲后封锁王

221. 莫尔菲—无名氏，1859

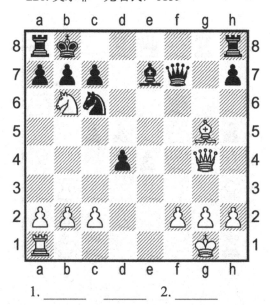

1. _____ 2. _____

222. 平捷尔—莫坚先，1983

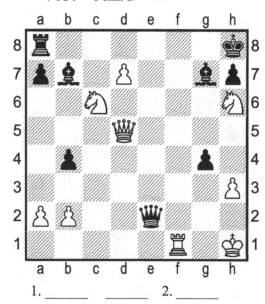

1. _____ 2. _____

223. 达利—什佩尔别尔，1968

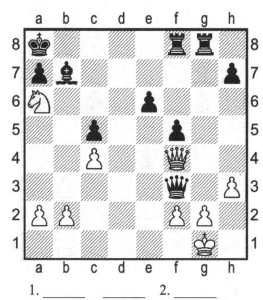

1. _____ 2. _____

224. 加尔多林—奥扬年，1962

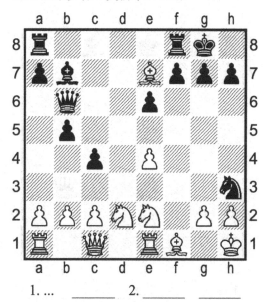

1. ... _____ 2. _____

1000

国际象棋习题详解 提高篇

牺牲后封锁王

225. 舍舒科夫—格尔马舍夫，1979

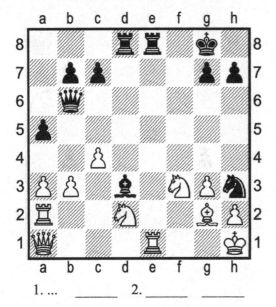

1. ... _____ 2. _____

226. 罗曼诺夫斯基—博特温尼克

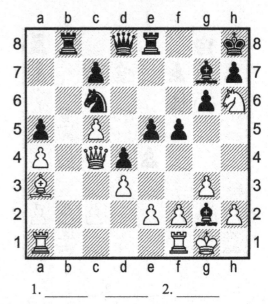

1. _____ 2. _____

227. 特·格列科，1625（决赛）

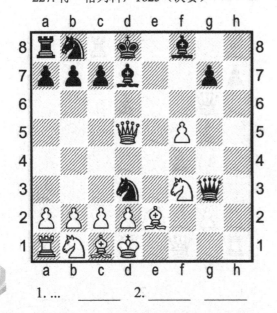

1. ... _____ 2. _____

228. 教学示例

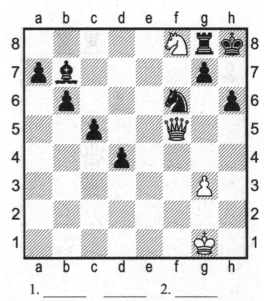

1. _____ 2. _____

第十课 诱网（吸引）

这类"献祭"为的是将敌王引到对己方有利的位置（或线）上。如此，便可发动将杀。我们来看下面这些例子。这些例子中起重要作用的都是小兵：

请看下例

乌斯京诺夫—伊利维茨基，1959　　　　　　卢阿金—伊奥夫费，1968

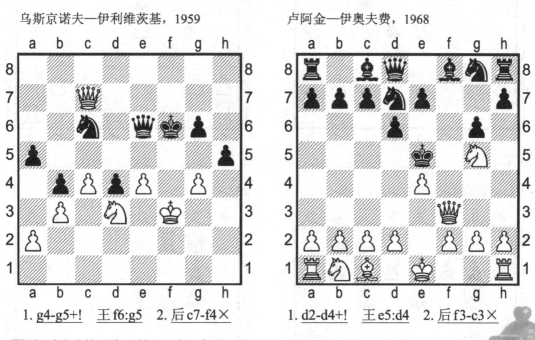

1. g4-g5+!　王 f6:g5　2. 后 c7-f4×　　　1. d2-d4+!　王 e5:d4　2. 后 f3-c3×

献祭诱敌常被用来对付处于大子保护下的敌王。

229. 什捷伊涅尔—阿普申尼耶克斯，1928

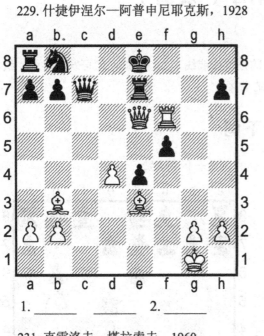

1. _____ _____ 2. _____

230. 马尔沙尔—别里，1900

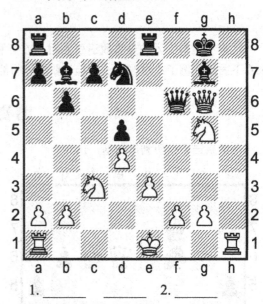

1. _____ 2. _____

231. 克雷洛夫—塔拉索夫，1960

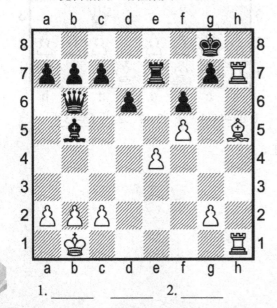

1. _____ _____ 2. _____

232. 教学示例

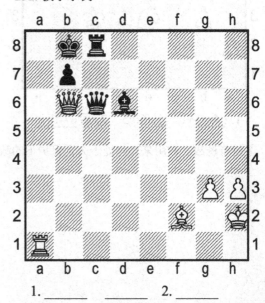

1. _____ 2. _____

1000
国际象棋习题详解 提高篇

233. 普法伊夫费尔—布劳，1952

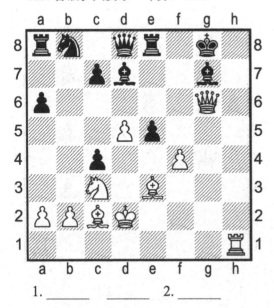

1. _____ 2. _____

234. 教学示例

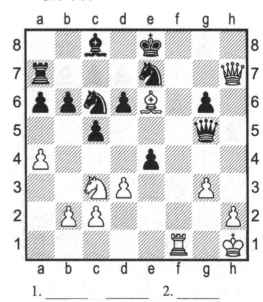

1. _____ 2. _____

235. 梅岑—米切尔，1978

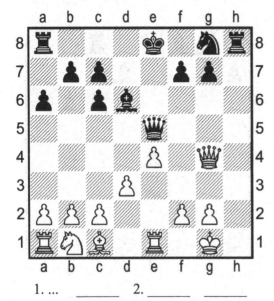

1. ... _____ 2. _____ _____

236. 波科耶夫奇克—季莫先科，1979

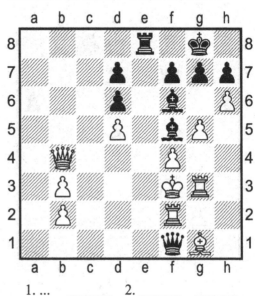

1. ... _____ 2. _____ _____

1000
国际象棋习题详解 提高篇

237. 卡片古特—瓦甘尼扬，1970

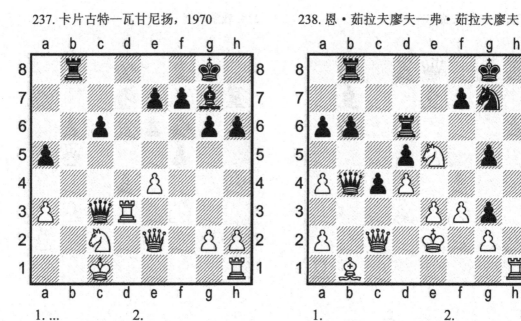

1. ... _____ 2. _____

238. 恩·茹拉夫廖夫—弗·茹拉夫廖夫

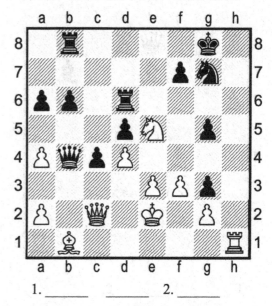

1. _____ 2. _____

239. 万克利—万利，1988

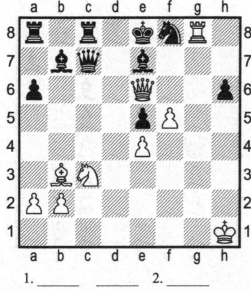

1. _____ 2. _____

240. 卢什尼克—卡拉克莱奇，1948

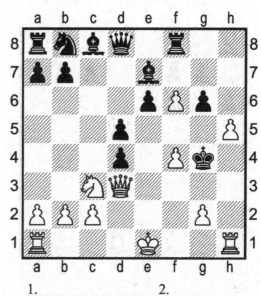

1. _____ 2. _____

牺 牲 象 诱 出 王

241. 卢卡奇—梅林克，1986

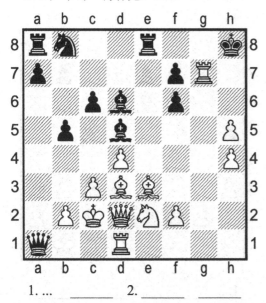

1. ... _____ 2. _____

242. 普兰德什捷特捷尔—潘琴科

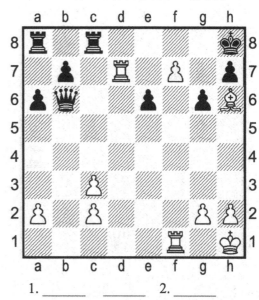

1. ... _____ 2. _____

243. 拉列季克—莫舍尔，1858

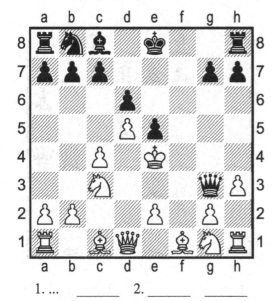

1. ... _____ 2. _____

244. 泽米什—延格利，1928

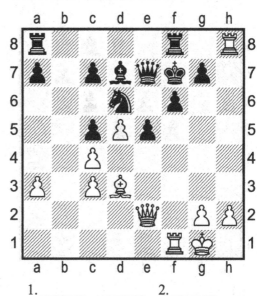

1. _____ 2. _____ _____

1000 国际象棋习题详解 提高篇

245.克列斯—费利夫谢普，1933

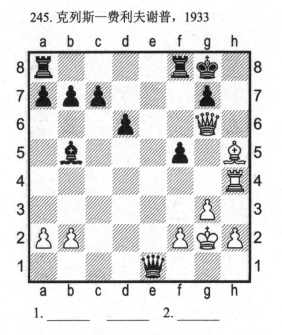

1. _____ _____ 2. _____

246.什米特—赫尔姆，1905

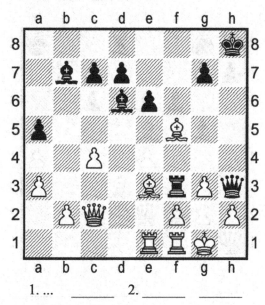

1. ... _____ _____ 2. _____

247.霍乌曼恩—埃·拉尔先，1982

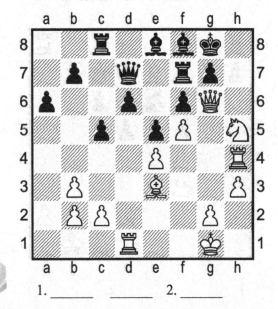

1. _____ _____ 2. _____

248.波斯希—多尔列尔，1958

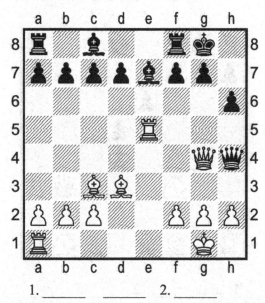

1. _____ _____ 2. _____

第十一课　诱兵杀王

这一献祭为的是引诱开王线上的小兵，使王处于被攻击范围内。大子冲上这条线即可在垂直线（或水平线）或对角线上叫将。

请看下例

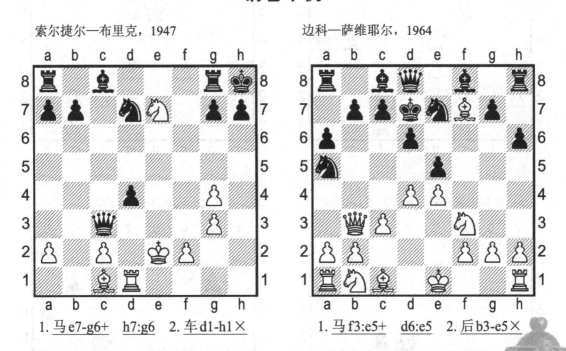

索尔捷尔—布里克，1947

1. 马 e7-g6+　h7:g6　2. 车 d1-h1×

边科—萨维耶尔，1964

1. 马 f3:e5+　d6:e5　2. 后 b3-e5×

在右边的例子中，牺牲马就驱散了 d6 的兵，该兵就无法保护移动到 c6 的王不受水平方向上后的攻击。

牺 牲 马 解 放 兵

249. 奇戈里尔—达维多夫，1874

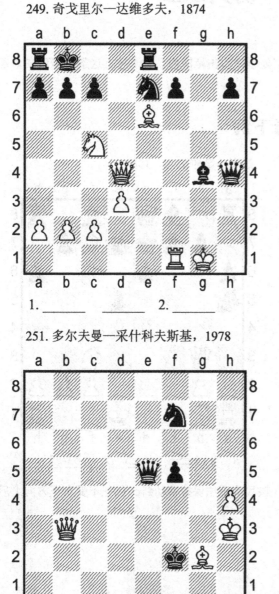

1. _____ _____ 2. _____

250. 奇斯佳科夫—戈利金，1967

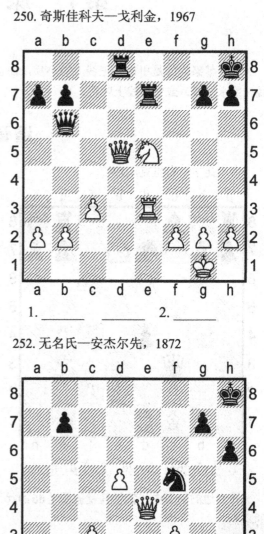

1. _____ _____ 2. _____

251. 多尔夫曼—采什科夫斯基，1978

1. ... _____ 2. _____

252. 无名氏—安杰尔先，1872

1. ... _____ 2. _____

牺 牲 马 解 放 兵

253. 普利斯卡亚—博里索夫，1975

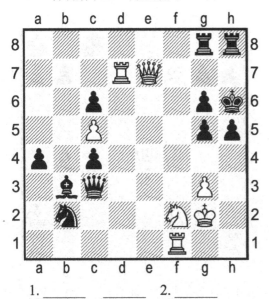

1. _____   2. _____

254. 埃杰利曼—马泽利，1928

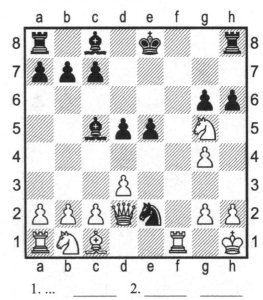

1. ... _____   2. _____ _____

255. 基斯洛夫—维克托罗夫，1971

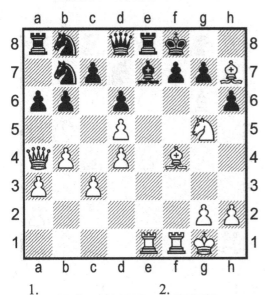

1. _____   2. _____

256. 洛卡斯托—扎克列夫斯基，1974

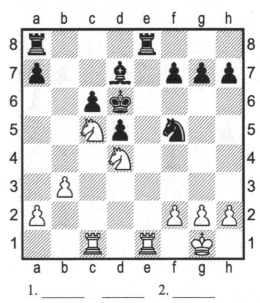

1. _____   2. _____

牺 牲 车 （后） 解 放 兵

257. 别尔恩什捷伊—科托夫，1946

1. _____ 　　　 2. _____

258. 祖耶夫—瓦尔拉莫夫，1982

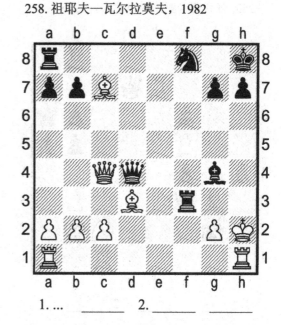

1. ... _____ 　　 2. _____

259. 古列维奇—基里尔洛夫，1976

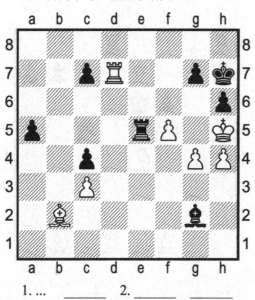

1. ... _____ 　　 2. _____

260. 鲁多利夫—无名氏，1912

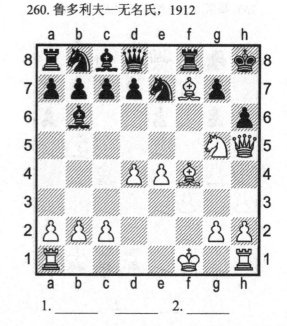

1. _____ 　　　 2. _____

第十二课　破坏（王的守卫）

　　进攻方借助"献祭"可以完全或部分摧毁敌方掩护，即可加速叫将。此时"献祭"不仅可以摧毁小兵的守卫，也可摧毁大子的守卫（请看左例）。

　　很多时候则需要提前摧毁可能出现的王守卫（请看右例）。

请看下例

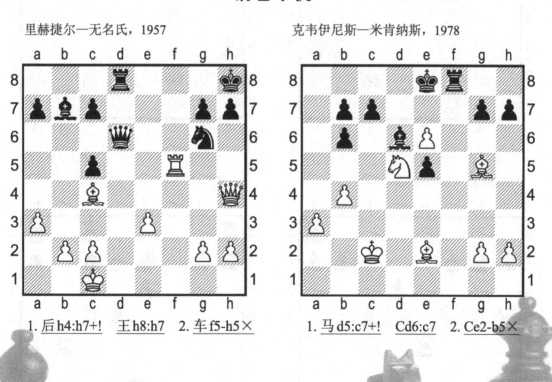

里赫捷尔—无名氏，1957

1. 后 h4:h7+!　王 h8:h7　2. 车 f5-h5×

克韦伊尼斯—米肯纳斯，1978

1. 马 d5:c7+!　Cd6:c7　2. Ce2-b5×

牺牲后，打破王的守卫

261. 热科夫—格尔科夫，1984

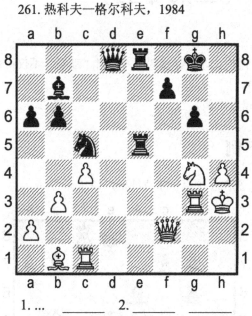

1. ... _____ 2. _____

262. 托卢什—利西钦，1948

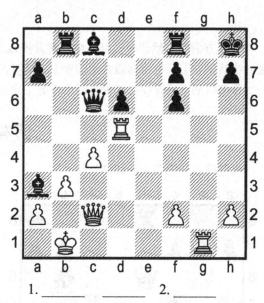

1. _____ 2. _____

263. 梅奥—朱斯托利泽，1959

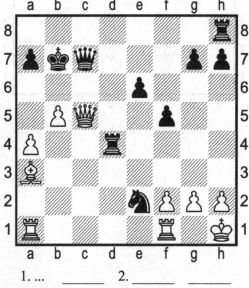

1. ... _____ 2. _____

264. 佩尔西茨基—孔尼克，1976

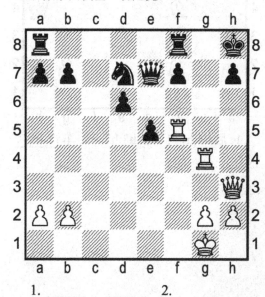

1. _____ 2. _____

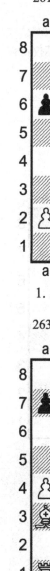

1000

国际象棋习题详解 提高篇

牺牲后,打破王的守卫

265. 教学示例

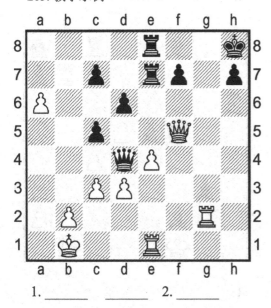

1. _____   2. _____

266. 斯卡根—斯文斯松,1991

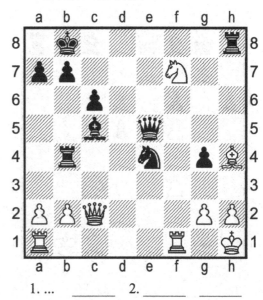

1. ... _____   2. _____

267. 阿姆布罗斯姆莫夫—阿姆拜尼斯

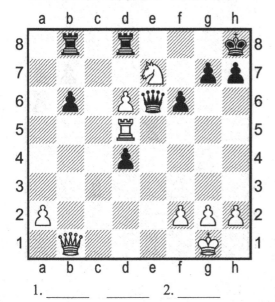

1. _____   2. _____

268. 楚克尔托尔特—李

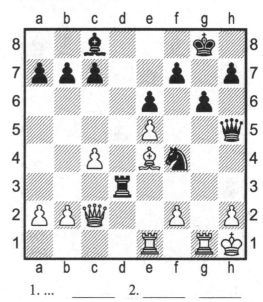

1. ... _____   2. _____

1000 国际象棋习题详解 提高篇

牺牲车，打破王的守卫

269. 赫拉姆措夫—瓦格兹别尔尔克，1938

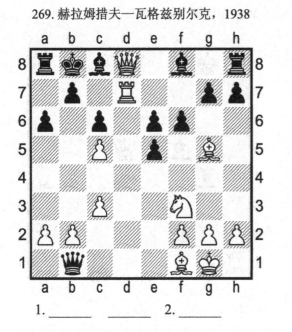

1. _____   2. _____

270. 里赫捷尔—无名氏，1930

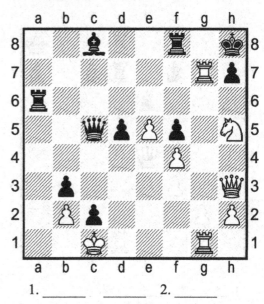

1. _____   2. _____

271. 索科洛夫—米海洛夫，1973

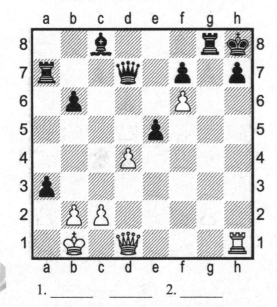

1. _____   2. _____

272. 伊萨科夫—皮赫采劳里，1978

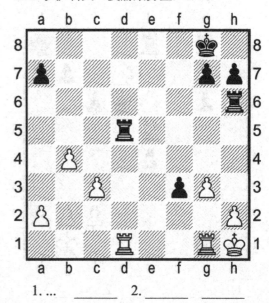

1. ... _____   2. _____

牺 牲 后，打 破 王 的 守 卫

273. 本甘—格罗乌尔，1937

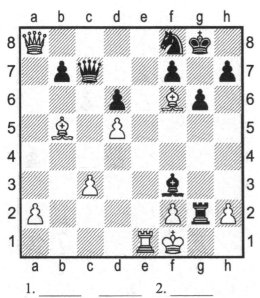

1. _____ _____ 2. _____

274. 拉斯克尔—齐戈林，1904

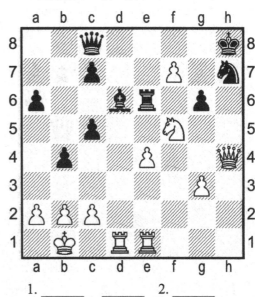

1. _____ _____ 2. _____

275. 教学示例

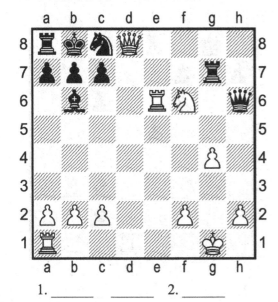

1. _____ _____ 2. _____

276. 捷伊赫曼—无名氏，1914

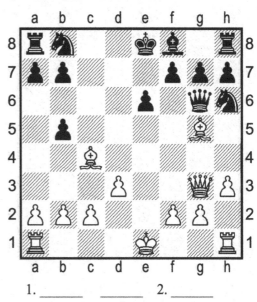

1. _____ _____ 2. _____

1000
国际象棋习题详解 提高篇

牺牲车，打破王的守卫

277. 阿列欣—弗里门，1924

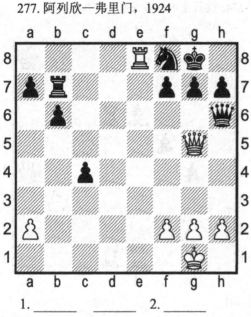

1. _____　　2. _____

278. 阿尔曼尼斯—桑德列尔，1982

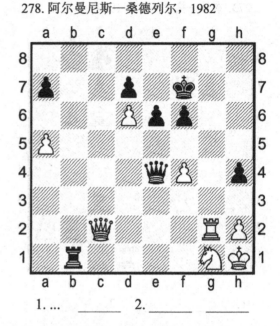

1. ...　_____　　2. _____

279. 达尔加—东涅尔，1964

1. _____　　2. _____

280. 绍瓦利捷尔—戈斯西普，189

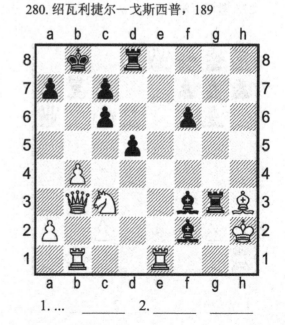

1. ...　_____　　2. _____

自己试试看！

281. 教学示例

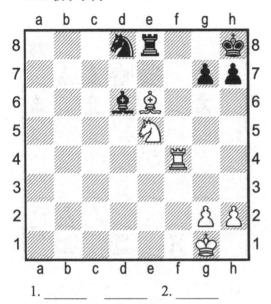

1. _____   2. _____

282. 列布别克—布劳恩什瓦伊克，1891

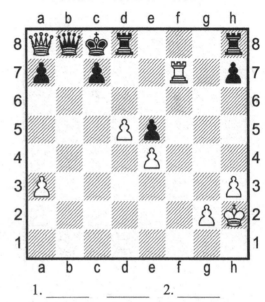

1. _____   2. _____

283. 卡乔托夫—戈洛姆别克，1946

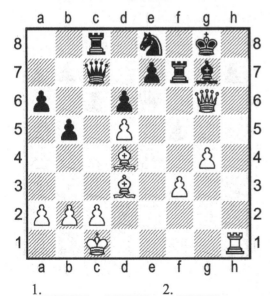

1. _____   2. _____

284. 萨蓬诺夫—博博采夫，1949

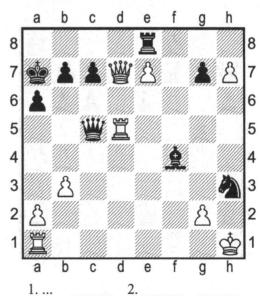

1. ...   2. _____

1000 国际象棋习题详解 提高篇

285. 奇科万尼—奥夫曼，1952

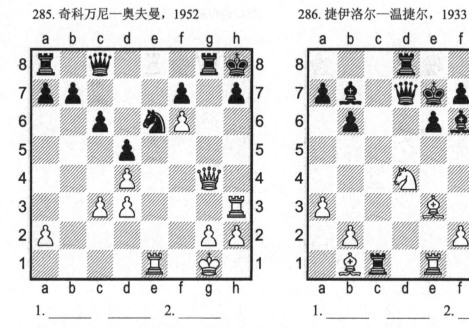

1. ＿＿＿＿　　2. ＿＿＿＿

286. 捷伊洛尔—温捷尔，1933

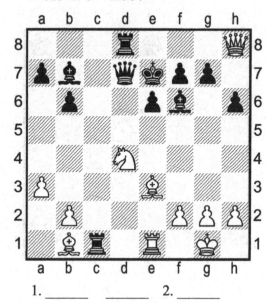

1. ＿＿＿＿　　2. ＿＿＿＿

287. 季斯哈韦尔—迈耶尔，1953

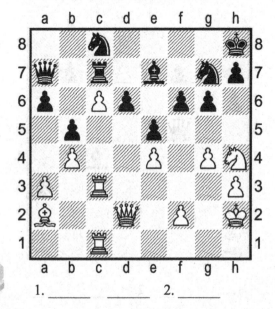

1. ＿＿＿＿　　2. ＿＿＿＿

288. 无名氏—里赫捷尔，1929

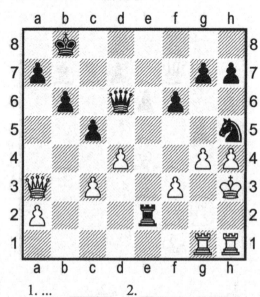

1. ...＿＿＿＿　　2. ＿＿＿＿

1000
国际象棋习题详解 提高篇

289. 教学示例

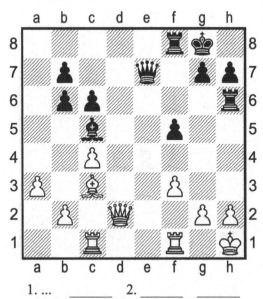

1. ... _____ 2. _____ _____

290. 格费尔列尔—埃格根别尔格尔

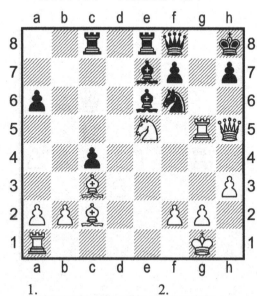

1. _____ _____ 2. _____

291. 弗·科瓦连科，1966

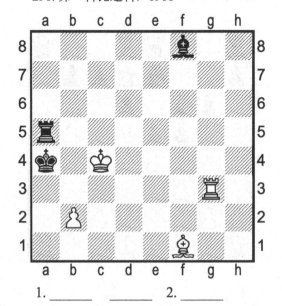

1. _____ _____ 2. _____

292. 阿列克桑德罗夫—宰采夫，1974

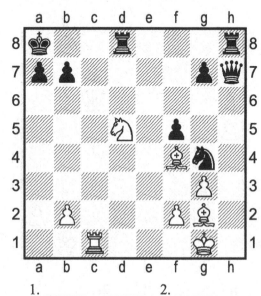

1. _____ _____ 2. _____

1000

国际象棋习题详解 提高篇

293. 卡赞采夫（决赛）

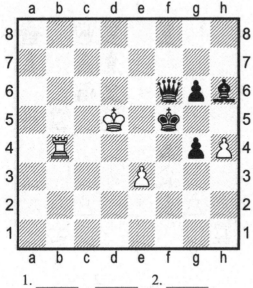

1. _____   2. _____

294. 伊奥阿希姆—佩季，1875

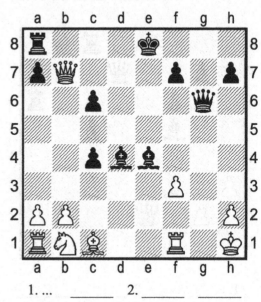

1. ...   2. _____

295. 克列斯—列文菲什，1949

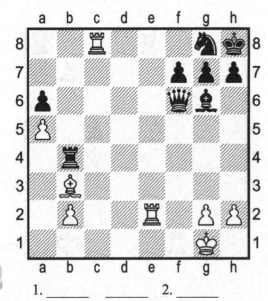

1. _____   2. _____

296. 福尔图斯—莫吉拉，1940

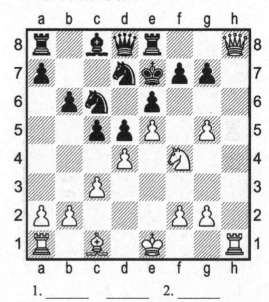

1. _____   2. _____

297. 无名氏—布列格别尔恩，1880

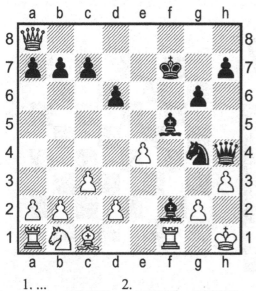

1. ... _____ 2. _____ _____

298. 教学示例

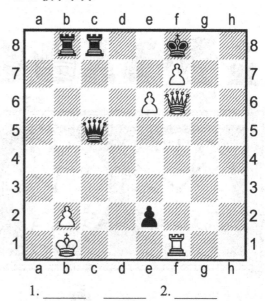

1. _____ _____ 2. _____

299. 安杰尔松—延涅沃尔岑，1937

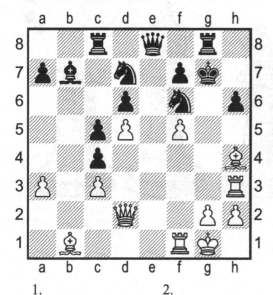

1. _____ 2. _____

300. 列杰利—巴拉季，1961

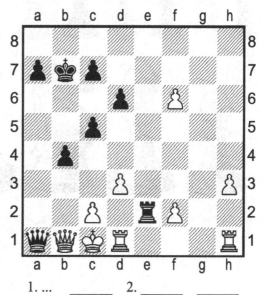

1. ... _____ 2. _____ _____

1000 国际象棋习题详解 提高篇

第四部分

束缚——被束缚的国王
（全束缚）

手脚被缚

如果一枚大子或一个小兵要守卫国王不被攻击，那么它就要做一个忠诚的哨兵，不能擅离职守。这样的棋子会消耗很大一部分战斗力量，有时候甚至完全动弹不得，手脚被缚。国际象棋中把这样的棋子叫作被束缚的棋子。

这样的束缚使得该子至少在一段时间内移动不得。攻方即可利用这段时间发号施令。

利用该子被缚的这段时间，可以大火猛攻或是破其防御。

同时也不要忘记，被缚的棋子也可能是"假装"保护。此时敌方可能有出其不意攻击，就会给我们造成损失。

当我们想要束缚后、车或象时，我们应尽力以最小兵力捆绑最大棋子。束缚是狡猾的一招，比赛中常常难以被察觉。

在这里我们会讲述"束缚"的典型棋局，后附大家早已熟悉的"自己试试吧"，用于自我习练。

1000
国际象棋习题详解 提高篇

第十三课　束缚虚假保护

如果被缚棋子保护的是国王，他不可能离开这条线，否则国王将被将杀。

此时（请特别注意这一点）该子可能被另一子（或小兵）保护着。后者行动并不受限。

请看下例

埃特·拉斯克尔—艾阿拉，1947　　　　　　　克列斯—斯利瓦，1955

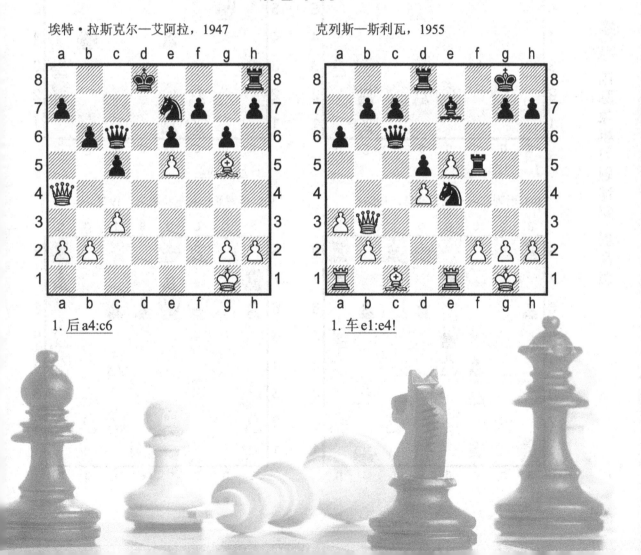

1. 后 a4:c6　　　　　　　　　　　　　1. 车 e1:e4！

301. 吉马尔—科托夫，1946

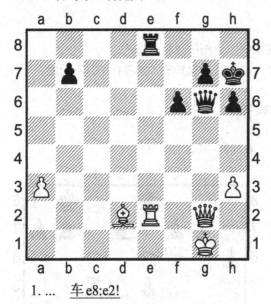

1. ... <u>车 e8:e2!</u>

302. 斯马金—佩特罗夫，1959

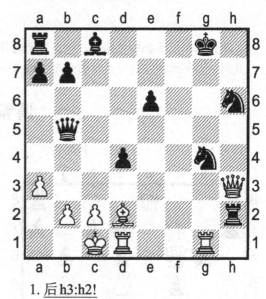

<u>1. 后 h3:h2!</u>

303. 巴列耶夫—亚科维奇，1986

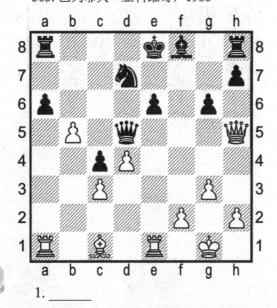

1. _____

304. 斯库亚—瓦尔拉莫夫，1977

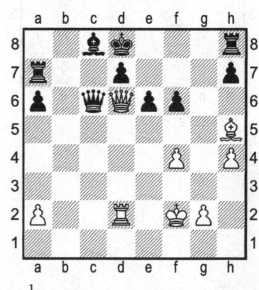

1. _____

1000 国际象棋习题详解 提高篇

垂直束缚下的夺取

305. 克拉曼—利西钦，1937

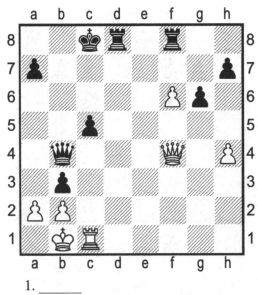

1. _____

306. 科斯季科夫—普尔万诺夫，1977

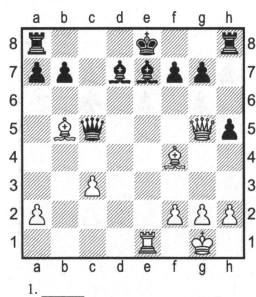

1. _____

307. 克林格尔—布拉京，1988

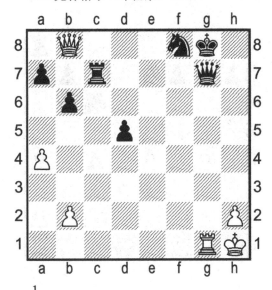

1. _____

308. 皮尔茨—斯托尔奇，1931

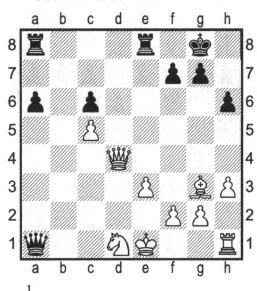

1. ... _____

对角束缚下的夺取

309. 贡泽尔—什瓦利普，1966

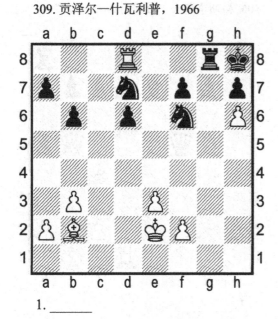

1. _____

310. 布龙什捷伊恩—无名氏，1950

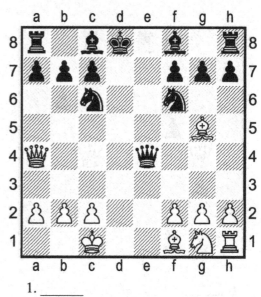

1. _____

311. 斯帕斯斯基—波德盖斯基，1978

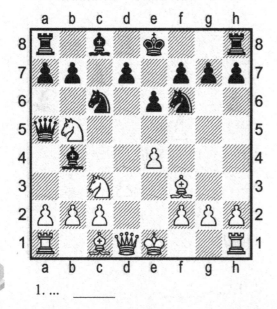

1. ... _____

312. 伊万诺夫—格拉西缅科，1979

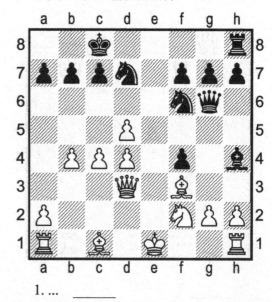

1. ... _____

1000 国际象棋习题详解 提高篇

对角束缚下的夺取

313. 科托夫—博特温尼克，1939

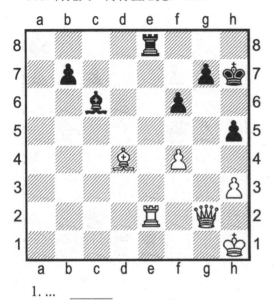

1. ... _____

314. 教学示例

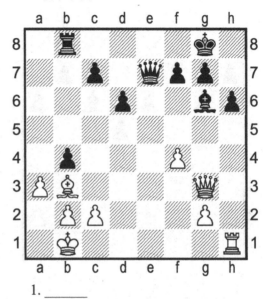

1. _____

315. 沙博—佐斯，1946

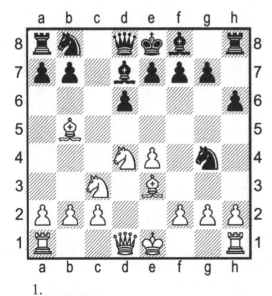

1. _____

316. 塔尔韦—卡姆片努斯，1956

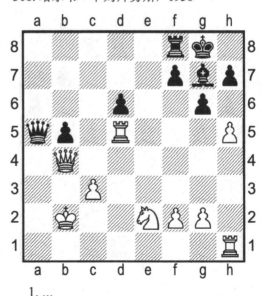

1. ... _____

对角束缚下的夺取

317. 教学示例

1. _____

318. 莫延—利利耶达赫利，1975

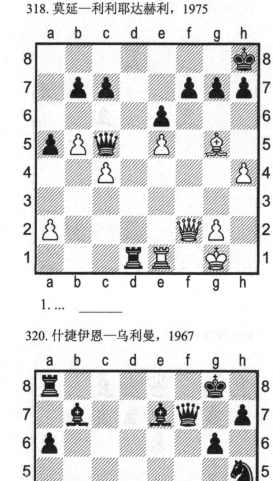

1. ... _____

319. 加津富斯—弗洛尔，1937

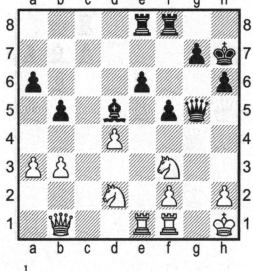

1. ... _____

320. 什捷伊恩—乌利曼，1967

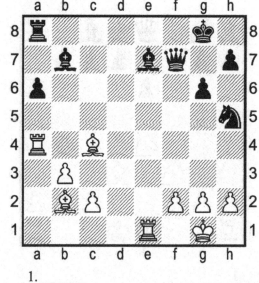

1. _____

水平束缚下的夺取

321. 卡斯帕罗夫—布劳恩，1979

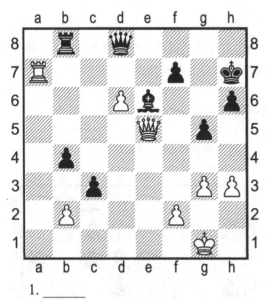

1. _____

322. 图克马科夫—古费利特，1972

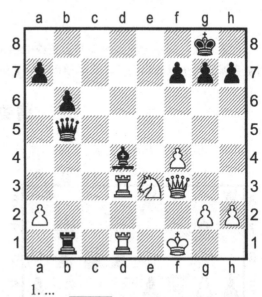

1. ... _____

323. 布基奇—罗曼尼申，1977

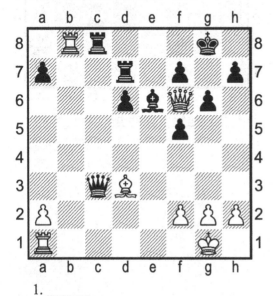

1. _____

324. 奥西波夫—沃伊特克维奇，1981

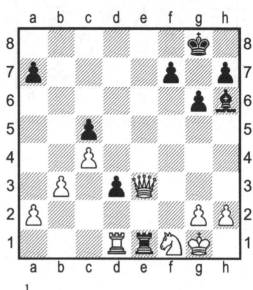

1. ... _____

1000 国际象棋习题详解 提高篇

第十四课 用将杀吸引国王

很多时候，国王会反过来保护被束缚的棋子。向国王进攻的同时，我们可以用最近的棋子吸引被束缚的棋子以破除保护。这样便可吃掉被束缚的棋子。这一招可减少敌方兵力。

请看下例

边科—伊韦伊，1949   杰利—连季耶特，1974

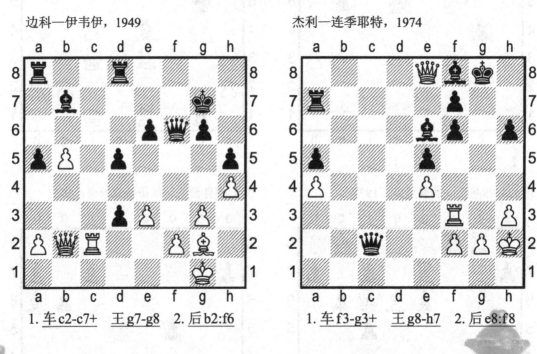

1. 车c2-c7+   王g7-g8   2. 后b2:f6   1. 车f3-g3+   王g8-h7   2. 后e8:f8

对角束缚逼走王

325. 日恩格尔特—努斯，1934

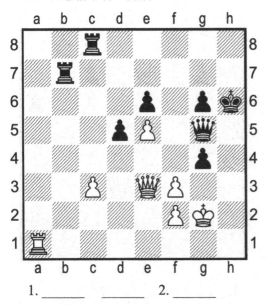

1. _____ 2. _____

326. 别洛乌斯金—佩尔西茨基，1970

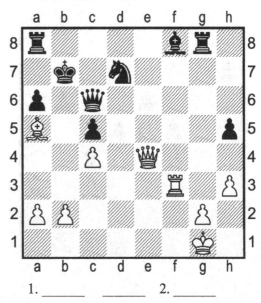

1. _____ 2. _____

327. 安杰尔斯松—奥·哈列

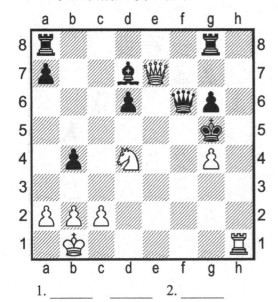

1. _____ 2. _____

328. 舒利茨—科斯季奇，1926

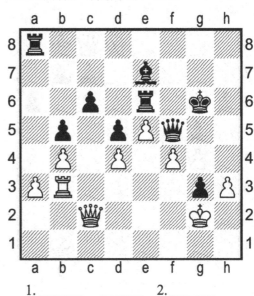

1. _____ 2. _____

1000
国际象棋习题详解 提高篇

329. 佩列斯—边努阿，1984

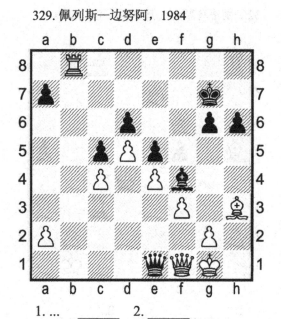

1. ... _____ 2. _____

330. 斯米林—龙宁，1985

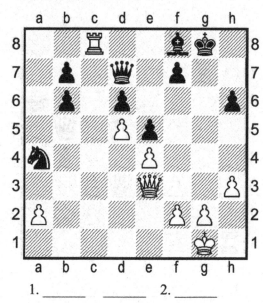

1. _____ 2. _____

331. 教学示例

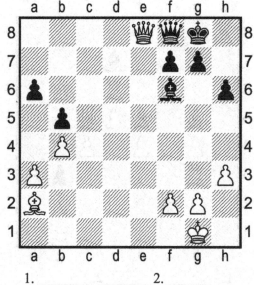

1. _____ 2. _____

332. 马尔沙尔—卡帕布兰卡，1914

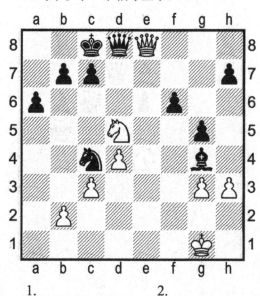

1. _____ 2. _____

1000
国际象棋习题详解 提高篇

第十五课 攻击被束缚的棋子

除了减少敌方兵力（参见第二课），如果我们增加攻击次数，便可拿下该子。如你所知，两个攻击比一个防守更好（请看左例）。

不要害怕攻击被束缚的棋子。要善于利用它不能随意离开这条线的既定事实（请看右例）。

请看下例

潘诺夫，1939

塔利—拉尔先，1977

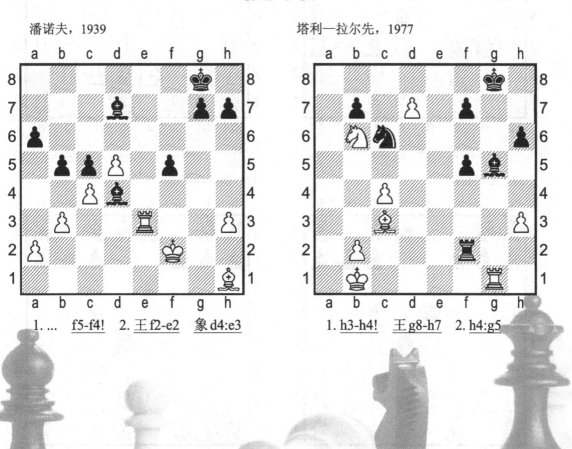

1. ...　f5-f4!　2. 王 f2-e2　象 d4:e3

1. h3-h4!　王 g8-h7　2. h4:g5

333. 巴拉雄—斯京，1974

334. 巴尔多斯—巴洛克，1933

335. 王翼弃兵

336. 俄罗斯防御

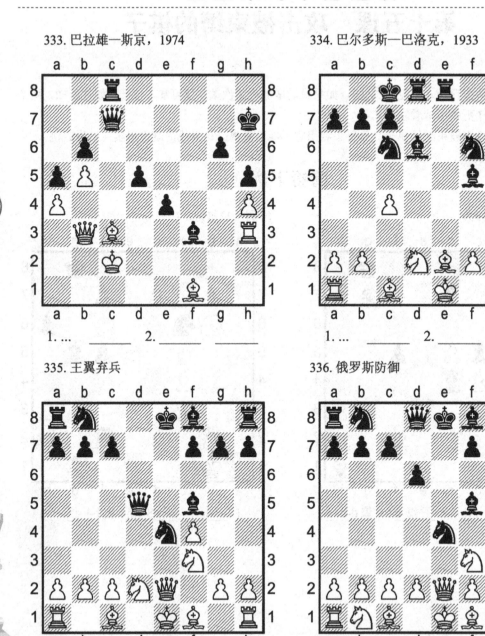

1. ... _____   2. _____

1. ... _____   2. _____

1. _____   2. _____

1. _____   2. _____

垂直束缚下的进攻

337. 伊利维茨基—吉马尔，1955

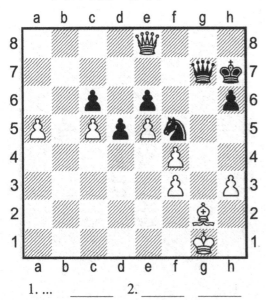

1. ... _____ 2. _____ _____

338. 教学示例

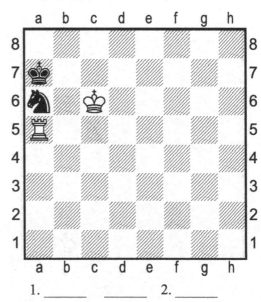

1. _____ _____ 2. _____ _____

339. 涅伊布涅尔—霍夫曼，1952

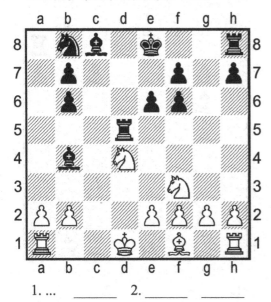

1. ... _____ 2. _____ _____

340. 阿龙宁—尤尔科夫，1965

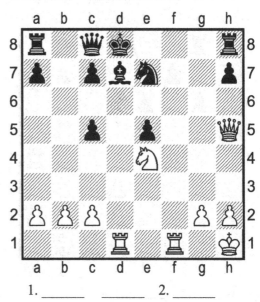

1. _____ _____ 2. _____ _____

对角束缚下的进攻

341. 教学示例

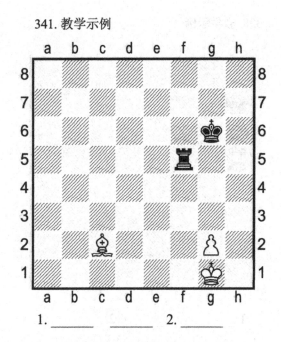

1. _____   2. _____

342. 斯捷伊涅尔—阿列欣，1921

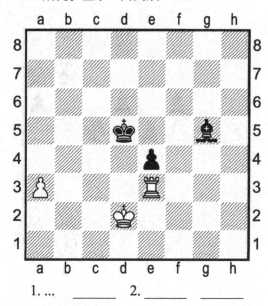

1. ... _____   2. _____

343. 托尔列—安南特，1986

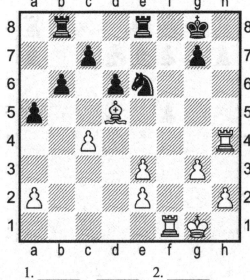

1. _____   2. _____

344. 罗日科夫—无名氏，1998

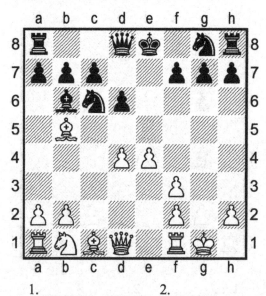

1. _____   2. _____

对角束缚下的进攻

345. 埃韦—敦克利布柳姆，1950

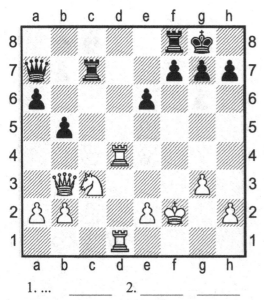

1. ... _____ 2. _____

346. 波卢加耶夫斯基—戈尔特，1976

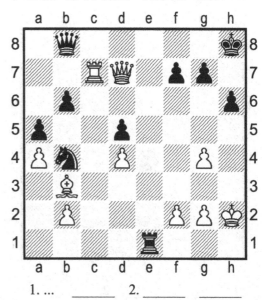

1. ... _____ 2. _____

347. 塔利—比列克，1963

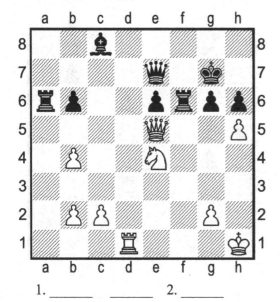

1. _____ 2. _____

348. 泽米什—卡帕布兰卡，1929

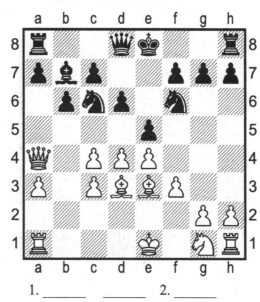

1. _____ 2. _____

1000

国际象棋习题详解 提高篇

113

349. 教学示例

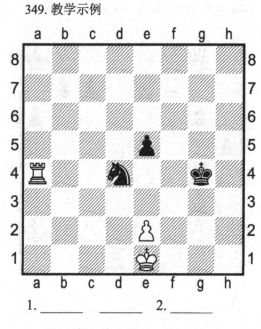

1. _____   2. _____

350. 拉尔先—卡尔波夫，1980

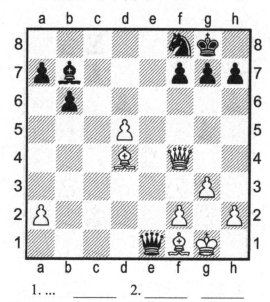

1. ... _____   2. _____

351. 里布利—汉多科，1985

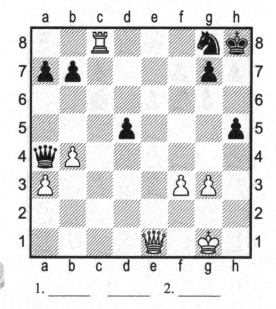

1. _____   2. _____

352. 拉科夫—扎采平，1972

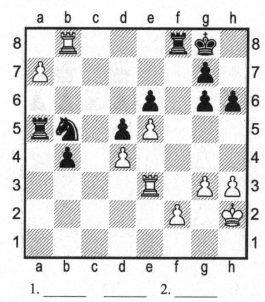

1. _____   2. _____

第十六课 构建束缚框架

如果一条线上已有两枚敌方棋子，我们可以植入第三子（后、车或象），以期构建束缚框架。一旦被缚的棋子失去保护或它特别重要，这样的做法就非常有用了（参看下例）。

可以用一个束缚接续或替代另一个束缚，这样可以使敌方棋子变得越来越没用。

请看下例

利利延塔利—卡帕布兰卡，1934　　　　塔尔塔科韦尔—斯捷伊涅尔，1925

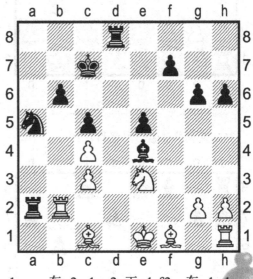

1. 车f1-e1　c7-c5　2. 车e1:e4+　　　1. …　车a2-a1　2. 王e1-f2　车a1:c1

垂直束缚象

353. 梅斯捷尔—兰格，1982

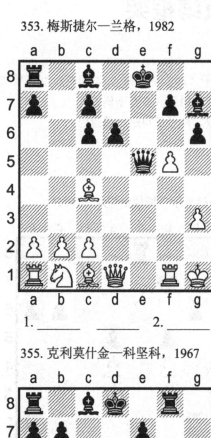

1. _____ 2. _____

354. 科克孔年—维托林什，1983

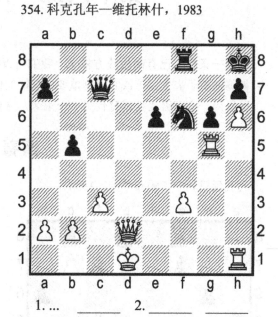

1. ... _____ 2. _____

355. 克利莫什金—科坚科，1967

1. _____ 2. _____

356. 萨克斯通—达尔季伊，1936

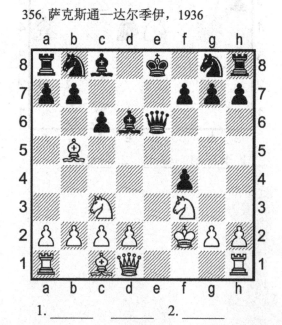

1. _____ 2. _____

1000

国际象棋习题详解 提高篇

水平束缚车

357. 格拉布佐娃—丝韦奇妮科娃，1987

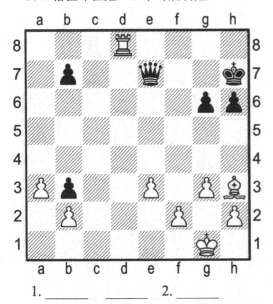

1. _____ 2. _____

358. 科尔奇诺伊—切霍韦尔，1951

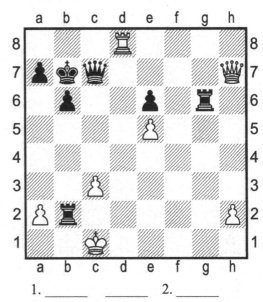

1. _____ 2. _____

359. 吉缅涅斯—格利戈里奇，1967

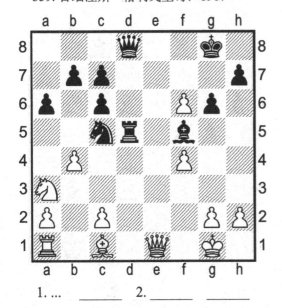

1. ... _____ 2. _____ _____

360. 格尔列尔—涅利松，1954

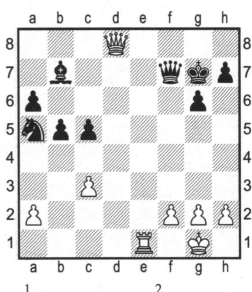

1. _____ 2. _____ _____

1000 国际象棋习题详解 提高篇

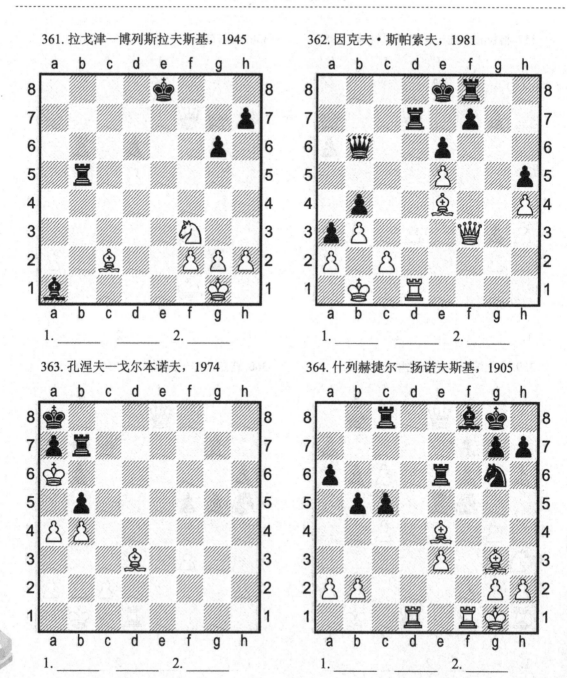

361. 拉戈津—博列斯拉夫斯基，1945

1. _____ _____   2. _____

362. 因克夫·斯帕索夫，1981

1. _____ _____   2. _____

363. 孔涅夫—戈尔本诺夫，1974

1. _____ _____   2. _____

364. 什列赫捷尔—扬诺夫斯基，1905

1. _____ _____   2. _____

1000 国际象棋习题详解 提高篇

束缚象和后

365. 博戈柳博夫—格列科夫，1914

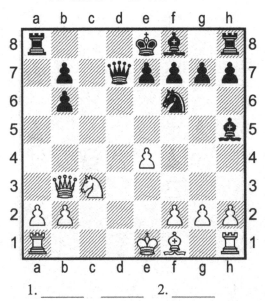

1. _____   2. _____

366. 佩捷尔松—普佩尔斯，1958

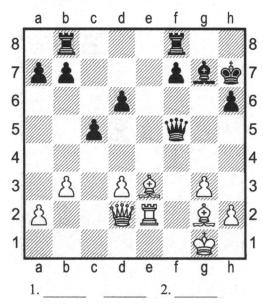

1. _____   2. _____

367. 中心开局

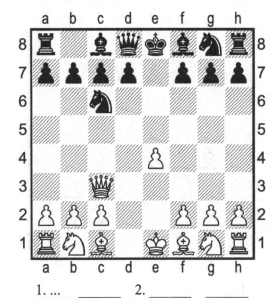

1. ...   _____   2. _____   _____

368. 切霍韦尔—卡斯帕良，1936

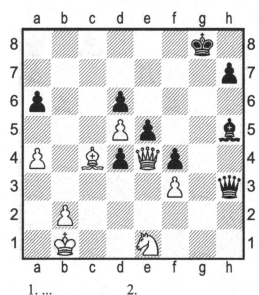

1. ...   _____   2. _____   _____

1000 国际象棋习题详解 提高篇

束缚象和后

369. 古尔托沃伊—普洛斯京涅克斯，1985

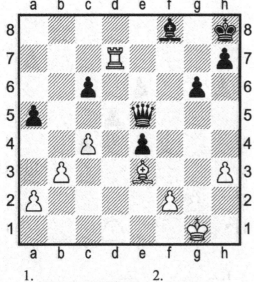

1. _____   2. _____

370. 格利戈里奇—斯梅斯洛夫，1971

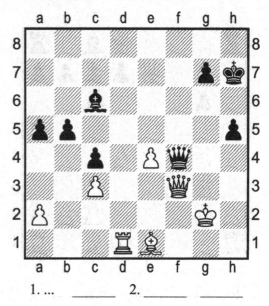

1. ...   2. _____

371. 休布涅尔—南恩，1981

1. _____   2. _____

372. 托卡奇—蒙季切尔利，1926

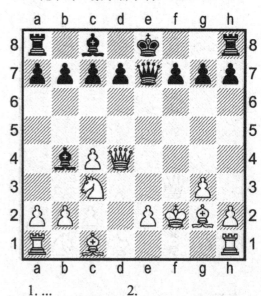

1. ...   2. _____

束缚象，替代后

373. 米哈利奇申—罗曼尼申

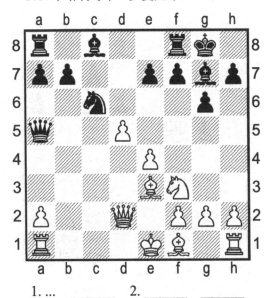

1. ... _____   2. _____

374. 乌兰诺夫—罗日拉帕，1971

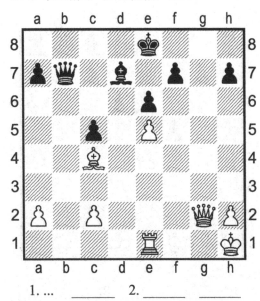

1. ... _____   2. _____

375. 马塔莫罗斯—马季圭，1982

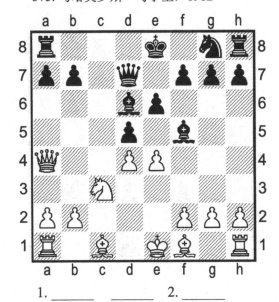

1. _____   2. _____

376. 瓦西利耶夫—叶罗费耶夫，1985

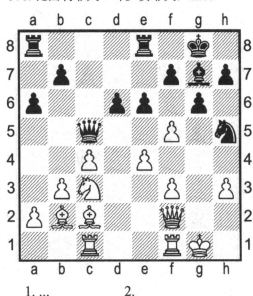

1. ... _____   2. _____

1000

国际象棋习题详解 提高篇

121

377. 阿特金斯—贡兹别尔克，1902

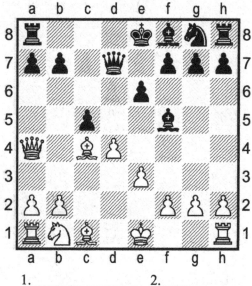

1. _____ _____ 2. _____

378. 卡拉克莱奇—列耶，1968

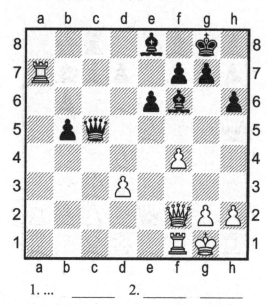

1. ... _____ 2. _____ _____

379. 克里斯季安先—赫伊列，1981

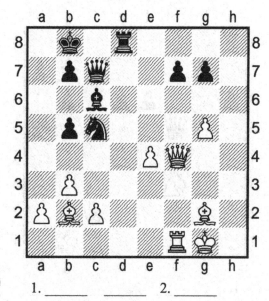

1. _____ _____ 2. _____

380. 菲利波维奇—朱里奇，1985

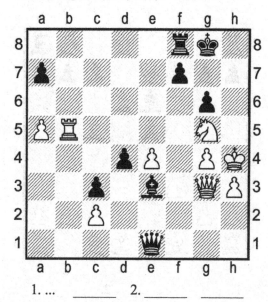

1. ... _____ 2. _____ _____

381. 教学示例

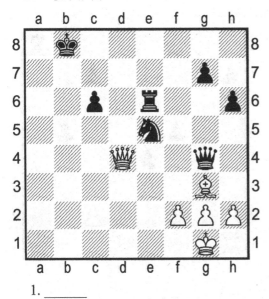

1. _____

382. 洛博拉—潘科维奇，1972

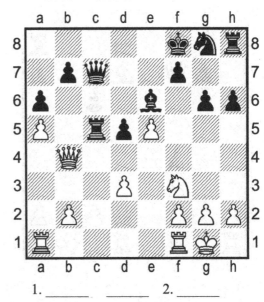

1. _____ 2. _____

383. 捷什涅尔—克列斯，1960

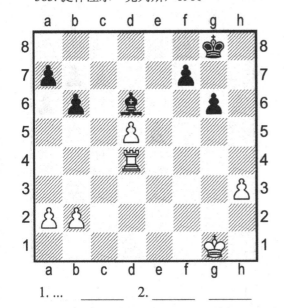

1. ... _____ 2. _____ _____

384. 波尔拉特—布劳恩，1902

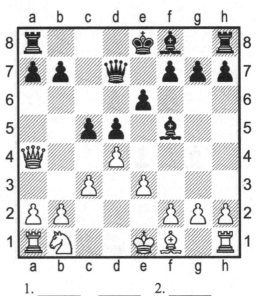

1. _____ 2. _____

1000

国际象棋习题详解 提高篇

385. 加普林达什维利—兰切维奇

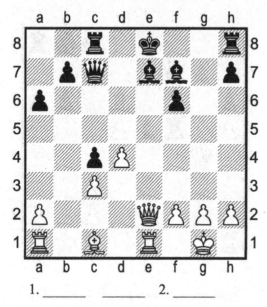

1. _____ 2. _____

386. 米切尔—皮法伊利斯, 1979

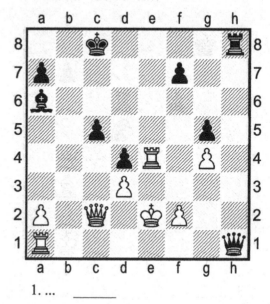

1. ... _____

387. 无名氏—别里什捷伊恩, 1903

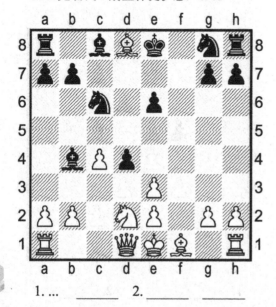

1. ... _____ 2. _____

388. 哈切克—夫兰涅克, 1988

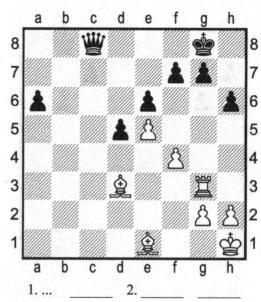

1. ... _____ 2. _____

389. 沙博—克尔涅尔，1948

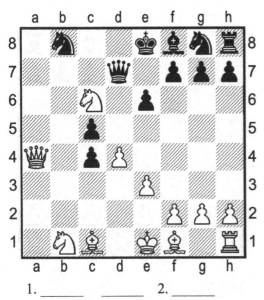

1. _____ _____ 2. _____

390. 克里斯季安谢夫—布拉特尼，1988

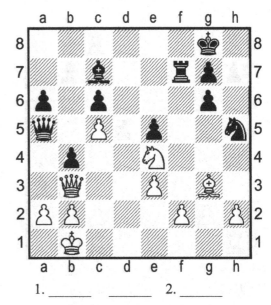

1. _____ _____ 2. _____

391. 斯帕斯基—瓦伊斯，1966

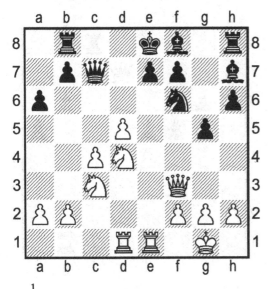

1. _____

392. 楚克尔托尔特—斯捷伊尼茨，1886

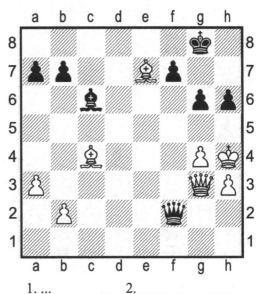

1. ... _____ 2. _____

1000

国际象棋习题详解 提高篇

393. 教学示例

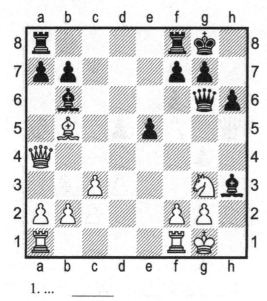

1. ... _____

394. 斯堪的纳维亚防御

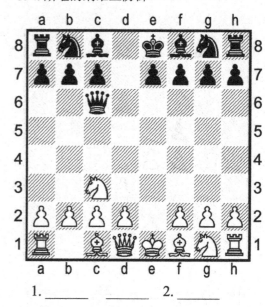

1. _____ _____ 2. _____

395. 哈鲁泽克—奇戈林，1896

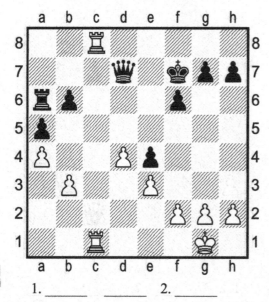

1. _____ _____ 2. _____

396. 列季—博戈柳博夫，1919

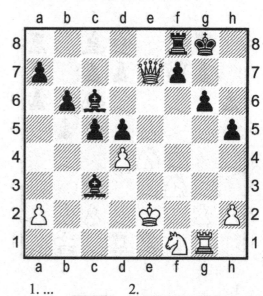

1. ... _____ 2. _____

1000 国际象棋习题详解 提高篇

自 己 试 试 看！

397. 桑纳—莫特万尼，1979\80

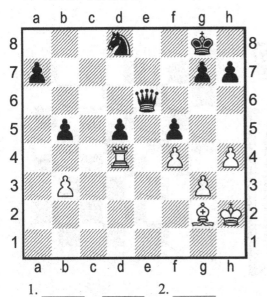

1. _____ _____ 2. _____

398. 马图洛维奇—马捷拉，1975

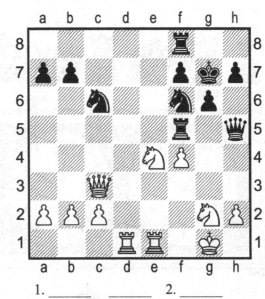

1. _____ _____ 2. _____

399. 德沃伊里斯—基姆，1980

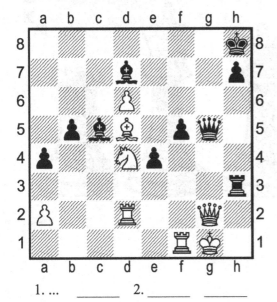

1. ... _____ 2. _____ _____

400. 波克罗夫斯基—尤连诺克，1983

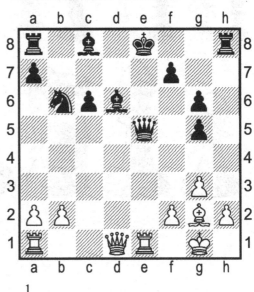

1. _____

1000 国际象棋习题详解 提高篇

第五部分

束缚——被束缚的大子
（不完全束缚）

不完全束缚

敌方大子（或小兵）的背后还有一子（但不是国王），此时用后、车或象来攻击该子，则称为不完全束缚。

在不完全束缚的情况下，被束缚的敌方棋子有可能从所在线上逃脱，这一点有别于完全束缚。所以如果我们要利用不完全束缚下的虚假保护或吃掉该子，就需要考虑如下情况：

（1）必须将被束缚的棋子置于攻击范围之内；

（2）被束缚的棋子战斗力更大或保护力更弱。

本部分中将结合实例传授经验，让你在对战中好好利用不完全束缚，并学会构建自己的束缚框架。

一如往常，仍然有"自己试试吧"的习题在等着你。此部分内容适用于有一定基础的学员。

第十七课　拿下虚假保护的大子

有棋子被束缚的时候我们可以大举吃进提供虚假保护的敌方大子（或小兵）。这个时候我们可以以己之子，占彼之位。

所以，在准备发动攻击的时候要尽可能以较小的子（见右例）或战斗力相当的子（见左例）将其取而代之。

请看下例

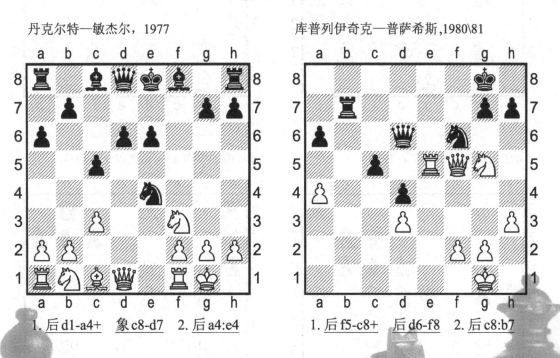

丹克尔特—敏杰尔，1977

1. 后d1-a4+　象c8-d7　2. 后a4:e4

库普列伊奇克—普萨希斯,1980\81

1. 后f5-c8+　后d6-f8　2. 后c8:b7

401. 利利延塔利—邦达列夫斯基

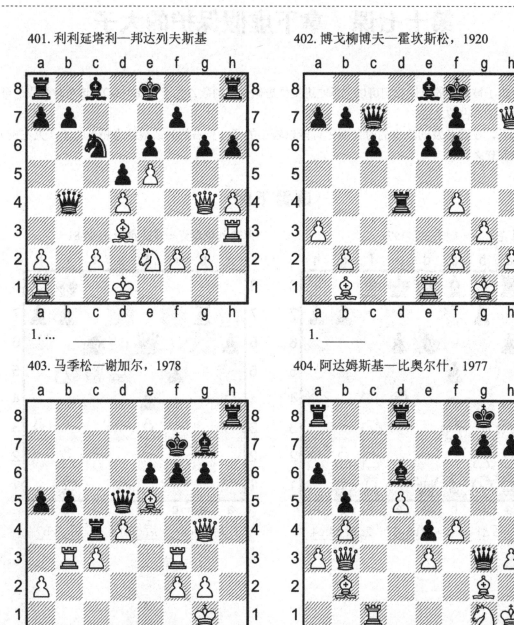

1. ... ＿＿＿＿

402. 博戈柳博夫—霍坎斯松，1920

1. ＿＿＿＿

403. 马季松—谢加尔，1978

1. ... ＿＿＿＿

404. 阿达姆斯基—比奥尔什，1977

1. ＿＿＿＿

对角束缚下的夺取

405. 巴洛克一诺瓦克，1955

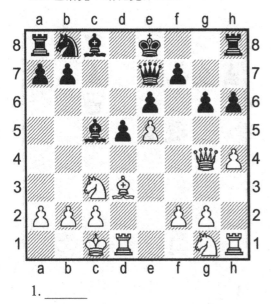

1. _____

406. 卡帕布兰卡一什皮利曼，1926

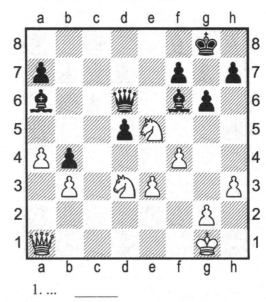

1. ... _____

407. 斯拉夫防御

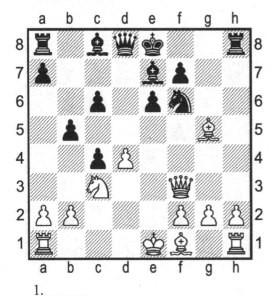

1. _____

408. 坎宁格尔一格尔曼，1940

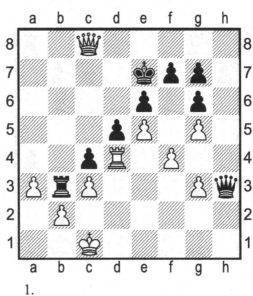

1. _____

1000

国际象棋习题详解 提高篇

409. 卡塔雷莫夫—伊利维茨基，1959

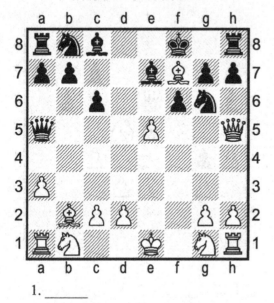

1. _____

410. 马尔沙尔尔—佩特罗夫，1930

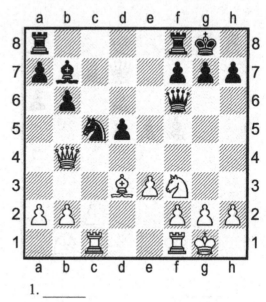

1. _____

411. 克尔斯季奇—佩捷，1957

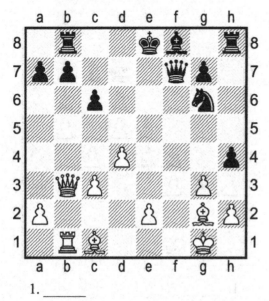

1. _____

412. 布基奇—别尔隆，1975

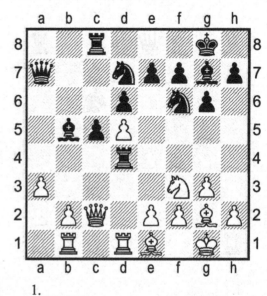

1. _____

1000 国际象棋习题详解 提高篇

垂直束缚下的夺取

413. 伊瓦先科—博伊科，1984

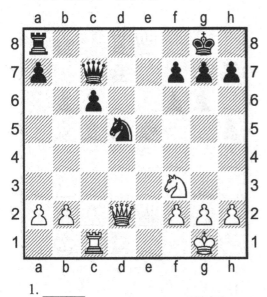

1. _____

414. 列克桑德罗维奇—克鲁马赫尔

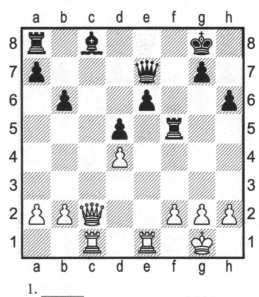

1. _____

415. 布兰茨—韦列索夫，1956

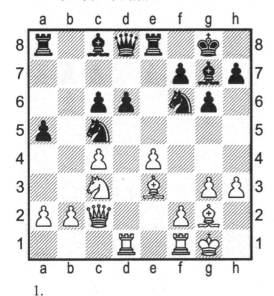

1. _____

416. 拉斯捷—萨克斯，1974

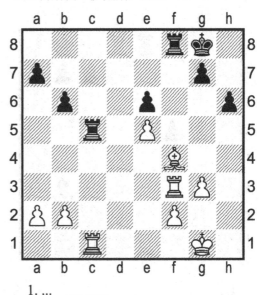

1. ... _____

1000 国际象棋习题详解 提高篇

垂直束缚下的夺取

417. 西马金—科佩洛夫，1951

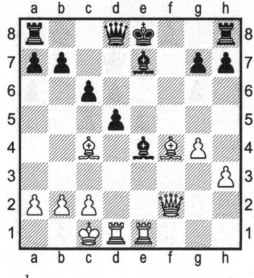

1. _____

418. 博列斯拉夫斯基—萨翁，1964

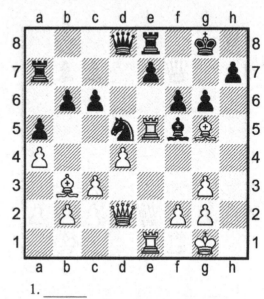

1. _____

419. 潘诺夫—格里戈里耶夫，1929

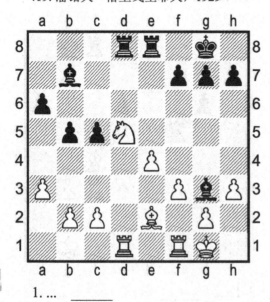

1. ... _____

420. 卡斯帕罗夫—安杰尔斯松，1981

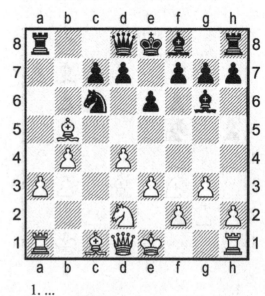

1. ... _____

第十八课　进攻被缚棋子

不论是敌方国王还是其他棋子被束缚，我们都可以尝试吃掉它们。最直接的方法就是加紧攻击被缚的棋子。

如果敌方不能及时调动救援，那么它们除了眼见棋子被吃或撤回该子，也别无他法。不论哪种情况，强劲的一方都会赢得战斗力量。

请看下例

布拉曼尼斯—萨夫科，1983\84　　　　马里扬诺维奇—什涅伊杰尔，1984

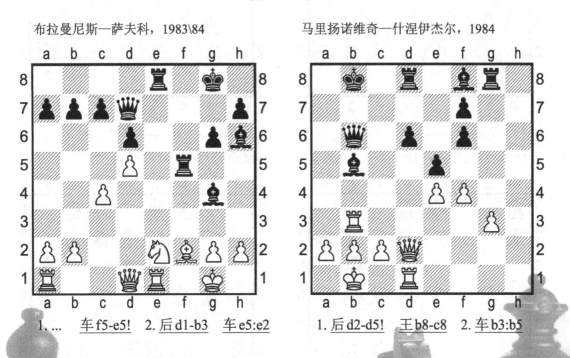

1. …　　车f5-e5!　2. 后d1-b3　车e5:e2　　1. 后d2-d5!　王b8-c8　2. 车b3:b5

421. 波斯佩洛夫—丘金诺夫斯基赫

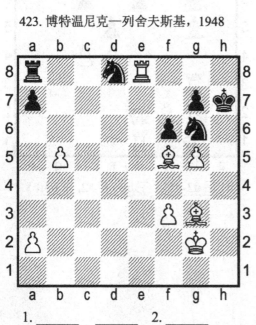

1. _____ _____ 2. _____

422. 伊万诺夫—伊瓦先科，1979\80

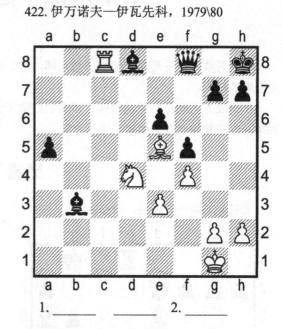

1. _____ _____ 2. _____

423. 博特温尼克—列舍夫斯基，1948

1. _____ _____ 2. _____

424. 斯坦尼舍夫斯基—库钦斯基

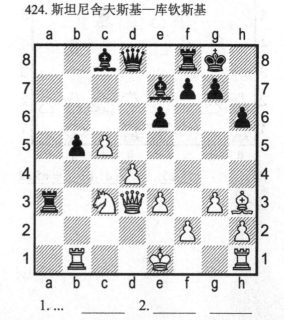

1. ... _____ _____ 2. _____

1000 国际象棋习题详解 提高篇

水平束缚下的进攻

425. 利西钦—示例

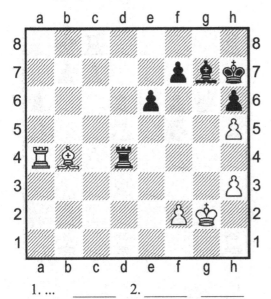

1. ... _____ 2. _____

426. 卡马拉什—福尔加奇，1985

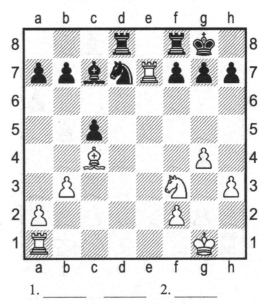

1. _____ 2. _____

427. 奇戈林—陶恩边高斯，1899

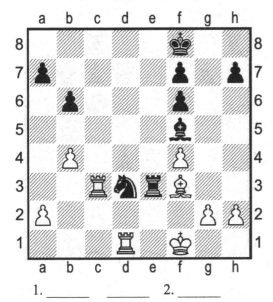

1. _____ _____ 2. _____

428. 洛布龙—斯捷凡斯松，1989

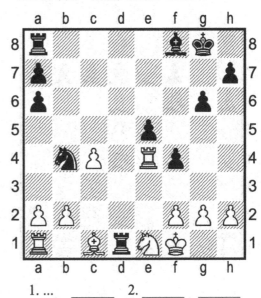

1. ... _____ 2. _____

1000

国际象棋习题详解 提高篇

139

429. 因库特托—克列斯，1957

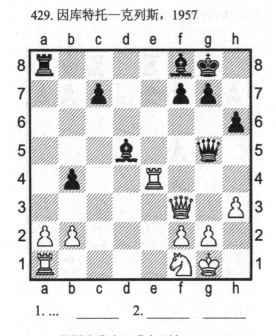

1. ... _____   2. _____

430. 练习

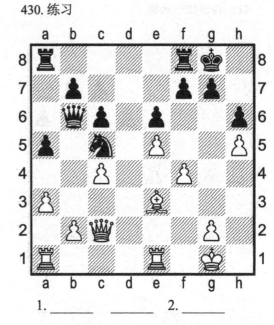

1. _____   2. _____

431. 马图洛维奇—费尔列尔，1970

1. _____   2. _____

432. 什皮利曼—瓦阿列，1926

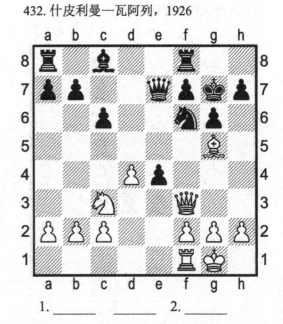

1. _____   2. _____

1000 国际象棋习题详解 提高篇

对角束缚下的进攻

433. 埃利斯卡泽斯—吉利克，1934

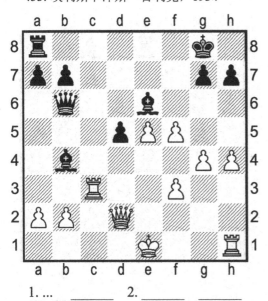

1. ... _____ 2. _____

434. 克列斯—赛季，1964

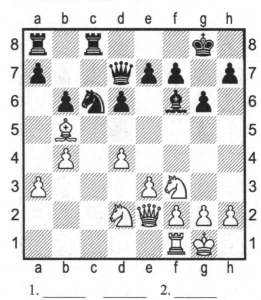

1. _____ 2. _____

435. 休利坚—莫尔菲，1857

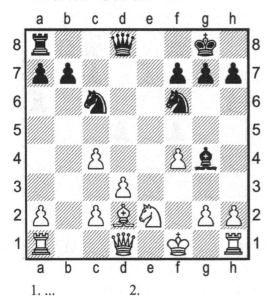

1. ... _____ 2. _____

436. 亚库边尼亚—格利凡特，1980

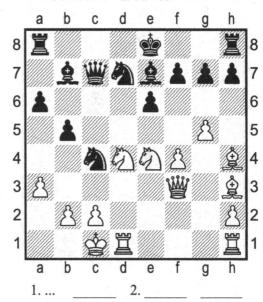

1. ... _____ 2. _____

1000
国际象棋习题详解 提高篇

对角束缚下的进攻

1000 国际象棋习题详解 提高篇

437. 塔尔拉什—福格利，1909

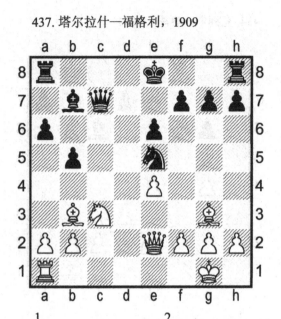

1. _____ 2. _____

438. 瓦尔瓦—格奥尔吉乌，1978

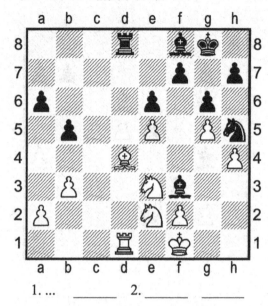

1. ... _____ 2. _____

439. 罗津特列捷尔—霍费尔，1899

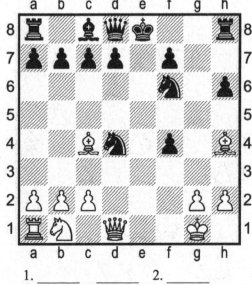

1. _____ 2. _____

440. 普利基斯—列斯基，1980-85

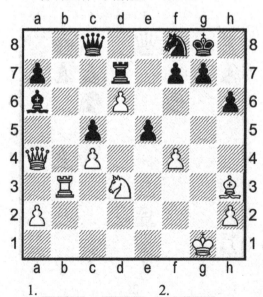

1. _____ 2. _____

对角束缚下的进攻

441. 波赫林克—巴尔奇，1987

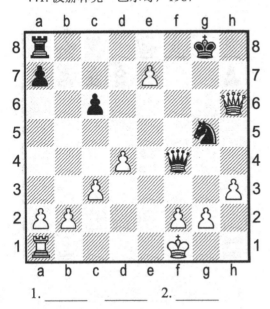

1. _____ _____ 2. _____

442. 阿列欣—卡帕布兰卡，1927

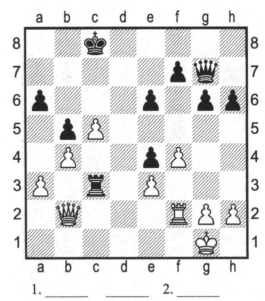

1. _____ _____ 2. _____

443. 波格列布斯斯基—科尔奇马尔

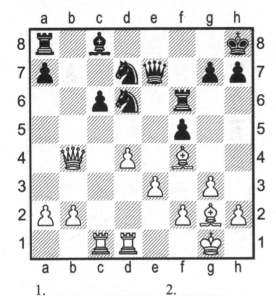

1. _____ _____ 2. _____

444. 兰灿尼—维坚克尔列尔，1981

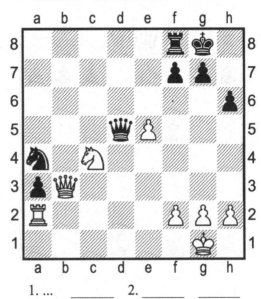

1. ... _____ 2. _____ _____

445. 阿兹迈帕拉什维利—斯皮尔缅

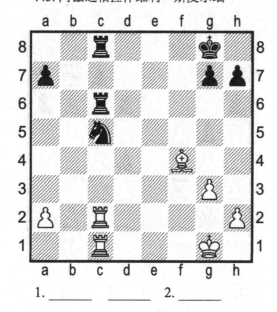

1. _____ _____ 2. _____

446. 埃韦—温捷尔，1936

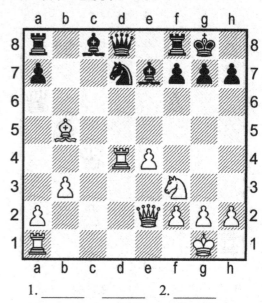

1. _____ _____ 2. _____

447. 什皮利曼—塔尔拉什，1923

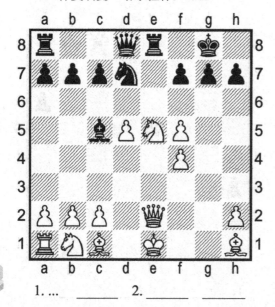

1. ... _____ _____ 2. _____

448. 列文菲什—科斯季奇，1911

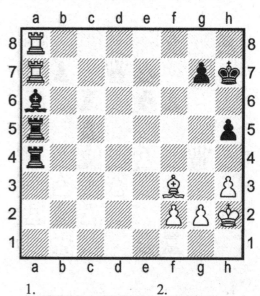

1. _____ _____ 2. _____

垂直束缚下的进攻

449. 西班牙开局

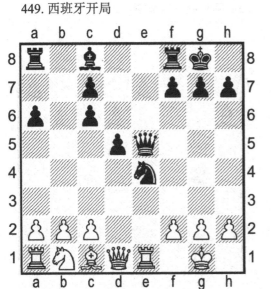

1. _____ _____ 2. _____

450. 波卢加耶夫斯基—戈尔特，1976

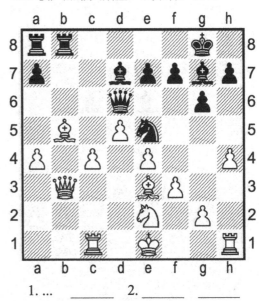

1. ... _____ 2. _____ _____

451. 杜宾宁—科先科夫，1957

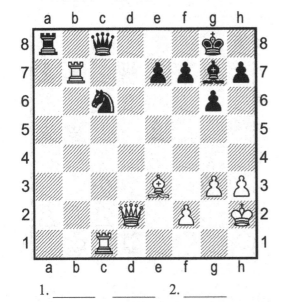

1. _____ _____ 2. _____

452. 米肯纳斯—弗洛尔，1933

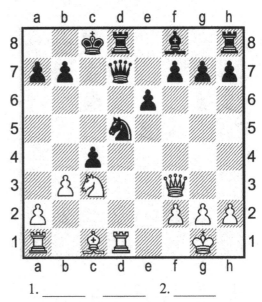

1. _____ _____ 2. _____

1000

国际象棋习题详解 提高篇

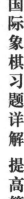

453. 塔尔塔科韦尔—普舍皮尤尔卡，1929

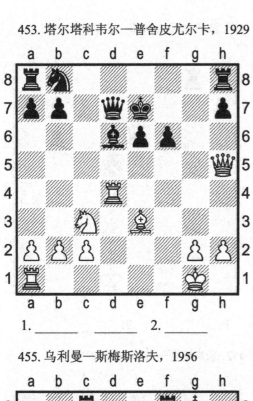

1. _____ _____ 2. _____

454. 阿列欣—柴耶斯，1911

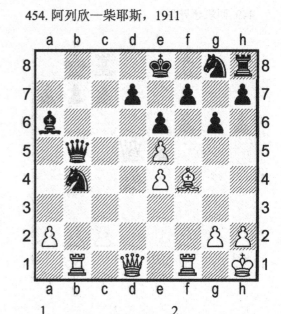

1. _____ _____ 2. _____

455. 乌利曼—斯梅斯洛夫，1956

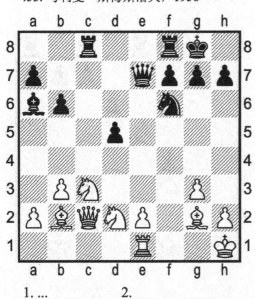

1. ... _____ _____ 2. _____

456. 希普佩尔斯—拉根杰伊克，1962

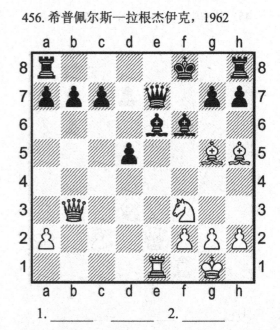

1. _____ _____ 2. _____

1000 国际象棋习题详解 提高篇

垂 直 束 缚 下 的 进 攻

457. 埃斯特林—克拉曼，1957

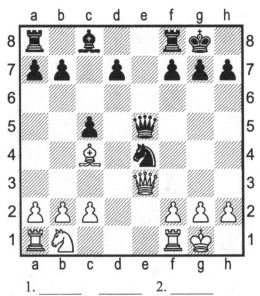

1. _____ _____ 2. _____

458. 匈牙利防御

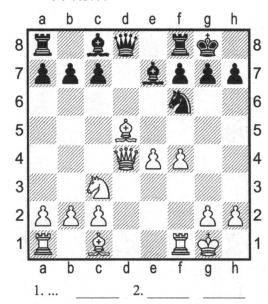

1. ... _____ 2. _____ _____

459. 巴吉罗夫—马丘利斯基，1975

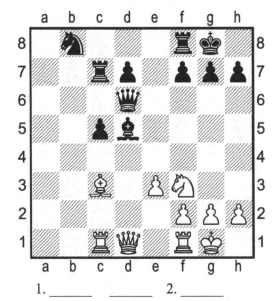

1. _____ _____ 2. _____

460. 教学示例

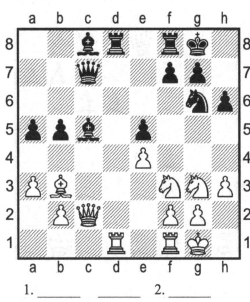

1. _____ _____ 2. _____

1000

国际象棋习题详解 提高篇

垂直束缚下的进攻

461. 索科洛夫—莫戈尔多耶夫，1959

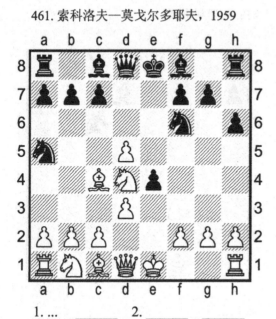

1. ... _____ 2. _____

462. 阿连特—季克霍普，1937

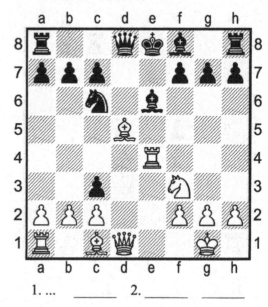

1. ... _____ 2. _____

463. 卡连—韦伊恩戈利特，1978

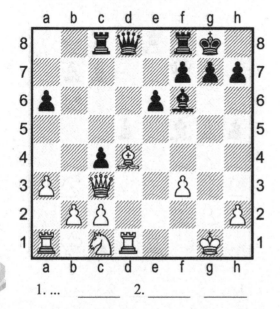

1. ... _____ 2. _____

464. 萨姆科夫—亚布隆斯基，1978

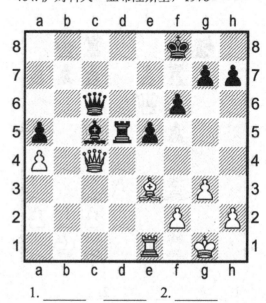

1. _____ 2. _____

1000 国际象棋习题详解 提高篇

第十九课 构建束缚框架（无被缚棋子）

我们来看看这种情况——敌方有两枚棋子（可能是大子，也可能是小兵）处于一条线上（垂直线，或水平线，或对角线）。

为了能够在此情况下构建（不完全的）围困大子的束缚框架，我们要将后、车或象靠近这条线。

试看下例，构建这样的框架使得我们可以吃进棋子。

请看下例

马丘利斯基—沙利涅夫，1981

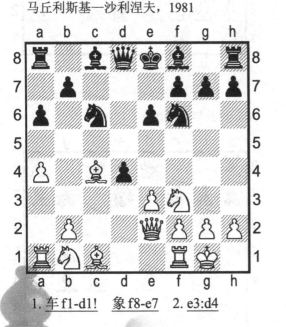

1. 车 f1-d1!　象 f8-e7　2. e3:d4

东涅尔—巴尔采罗夫斯基，1962

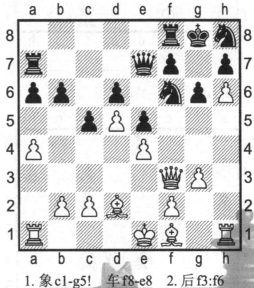

1. 象 c1-g5!　车 f8-e8　2. 后 f3:f6

465. 博博措夫—拉尔先，1969

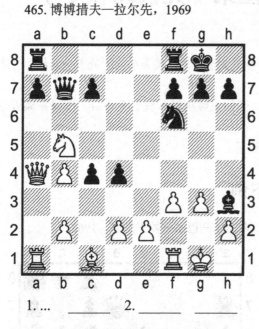

1. ... _____ _____ 2. _____ _____

466. 日丹诺夫—马尔戈利斯，1938

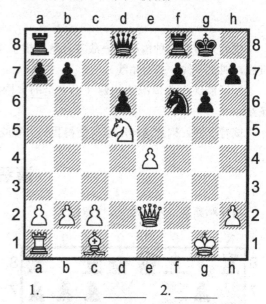

1. _____ _____ 2. _____ _____

467. 维列尔特—盖达罗夫，1976

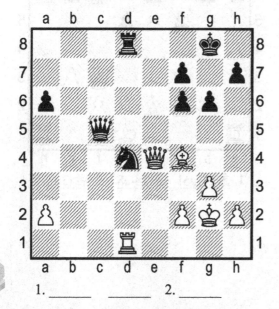

1. _____ _____ 2. _____

468. 特拉尔—诺瓦克，1972

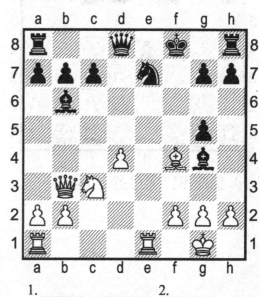

1. _____ _____ 2. _____

束 缚 象

469. 米赫利—戈尔什，1976\77

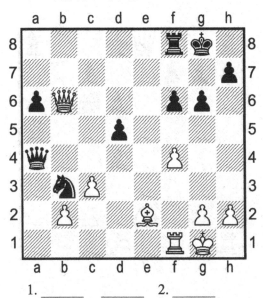

1. _____ _____ 2. _____

470. 罗伊兹曼—米赫林，1966

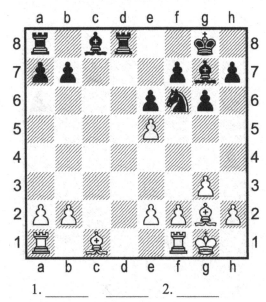

1. _____ _____ 2. _____

471. 克列斯—阿列克桑杰尔，1954\55

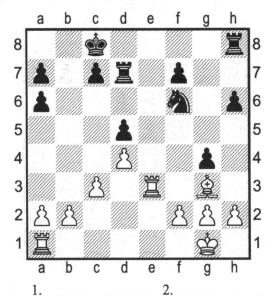

1. _____ _____ 2. _____

472. 波卢加耶夫斯基—佩特罗相

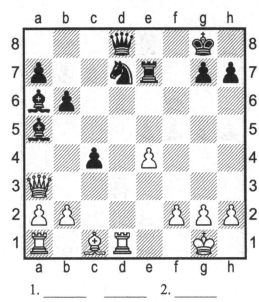

1. _____ _____ 2. _____

473. 鲁宾什捷伊恩—柴耶斯

1. _____ _____ 2. _____

474. 韦列索夫—热利亚金诺夫, 1969

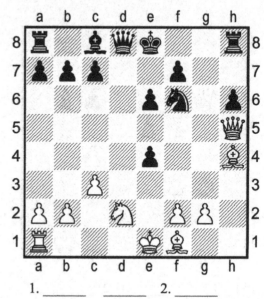

1. _____ _____ 2. _____

475. 明尼奇—洪菲, 1966

1. _____ _____ 2. _____

476. 季莫先科—古托普, 1984

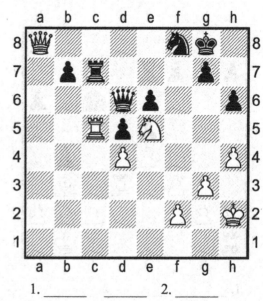

1. _____ _____ 2. _____

1000

国际象棋习题详解 提高篇

第二十课　构建束缚框架（有双面夹击）

来看看这种情况，一条线上站着4枚进攻棋子（2个方向上各有2枚）。此时，被缚棋子（车、后、象）挡住了己方棋子的路。为了能够有效将其束缚，必得移开前面的棋子。最好调离的这枚棋子刚好提供的是虚假保护，或可以进攻被缚棋子。这样，强劲一方即可吃进棋子。

请看下例

苏埃京—胡拉克，1976　　　　　　什塔利别尔克—马坦诺维奇，1952

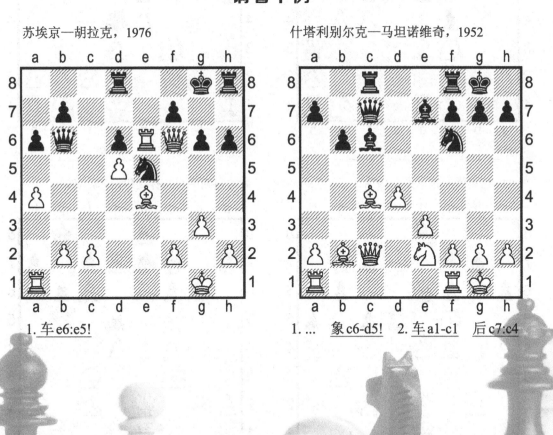

　　1. 车e6:e5!　　　　　　　　　　1. …　象c6-d5!　2. 车a1-c1　后c7:c4

477. 皮利尼克—什塔利别尔克，1942

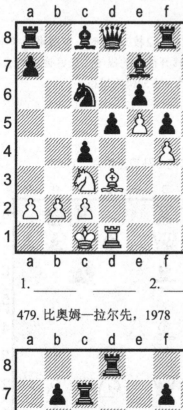

1. _____ _____ 2. _____

478. 科托夫—佩特罗相，1949

1. _____ _____ 2. _____

479. 比奥姆—拉尔先，1978

1. ... _____ _____ 2. _____

480. 科斯季奇—什捷伊涅尔，1921

1. _____ _____ 2. _____

自己试试看！

481. 苗林克—沙拉杰，1977

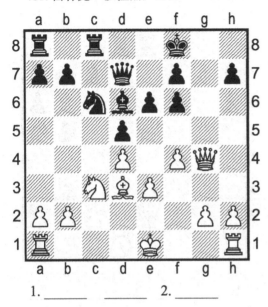

1. _____ _____ 2. _____

482. 莫恰洛夫—别贡，1982

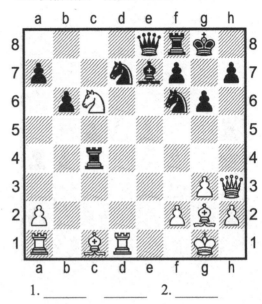

1. _____ _____ 2. _____

483. 格卢兹多夫—布列金，1983\84

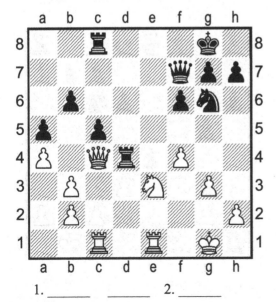

1. _____ _____ 2. _____

484. 奇戈林—塔尔拉什，1907

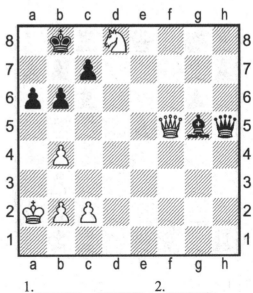

1. _____ _____ 2. _____

1000 国际象棋习题详解 提高篇

485. 捷伊洛尔—弗洛尔，1936

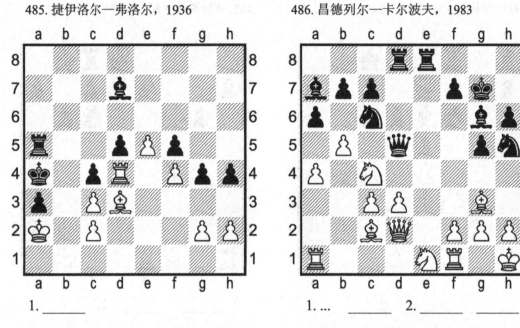

1. _____

486. 昌德列尔—卡尔波夫，1983

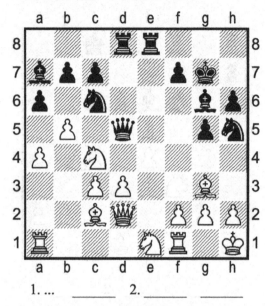

1. ... _____   2. _____   _____

487. 卡斯帕罗夫—马里扬诺维奇，1980

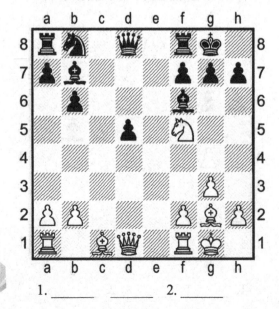

1. _____   _____   2. _____

488. 斯帕斯基—阿夫通诺莫夫，1949

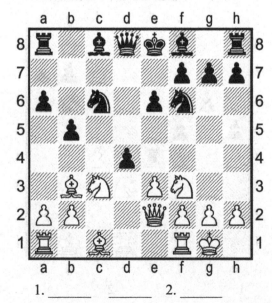

1. _____   _____   2. _____

1000 国际象棋习题详解 提高篇

489. 意大利开局（瑞高钢琴）

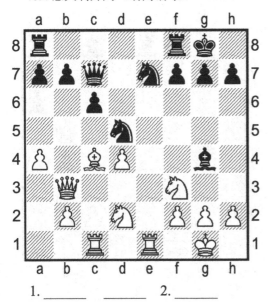

1. _____　　　2. _____

490. 古尔根尼泽—谢尔吉耶夫斯基

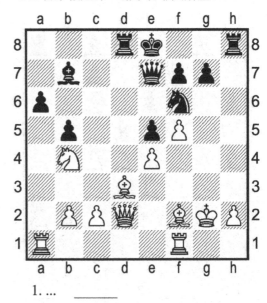

1. ... _____

491. 马里亚辛—埃普什捷伊恩，1967

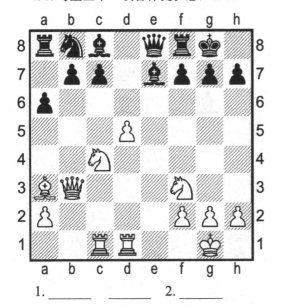

1. _____　　　2. _____

492. 马卡罗夫—库普列伊奇克，1976

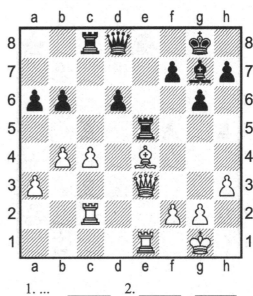

1. ... _____　　　2. _____

1000

国际象棋习题详解 提高篇

自己试试看！

493. 米申—列卢阿什维利，1984

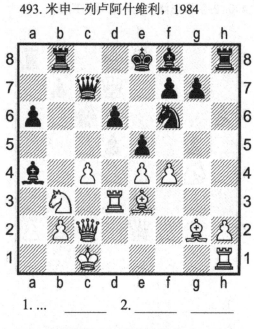

1. ... _____ 2. _____

494. 教学示例

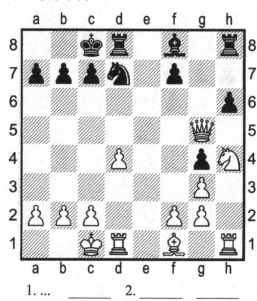

1. ... _____ 2. _____

495. 库兹涅措夫—戈利布拉特，1960

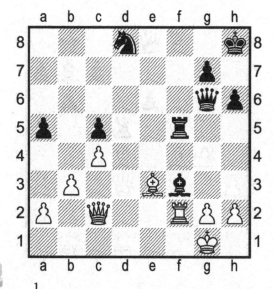

1. _____

496. 特拉普尔—诺瓦克，1972

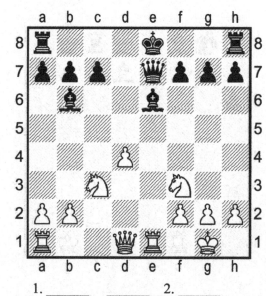

1. _____ 2. _____

1000 国际象棋习题详解 提高篇

自己试试看！

497. 多尔马托夫—契诃夫，1980\81

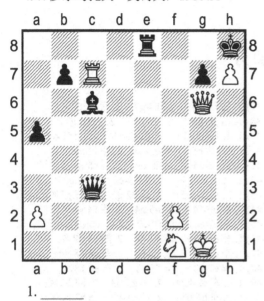

1. _____

498. 萨洛夫—迈奥罗夫，1983

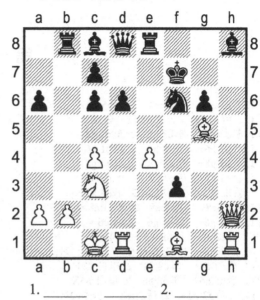

1. _____ _____ 2. _____

499. 阿利捷尔曼—菲格列尔，1977

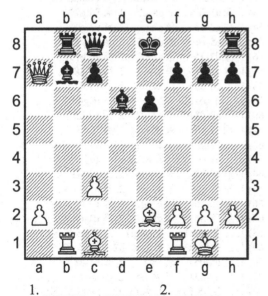

1. _____ _____ 2. _____

500. 拉温斯基—茹霍维茨基

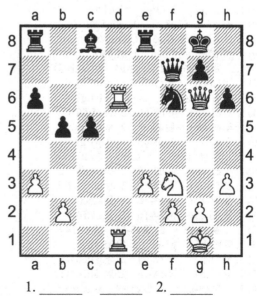

1. _____ _____ 2. _____

1000
国际象棋习题详解 提高篇

答 案

第一部分

1) 1. 车e1-e8+　车d8:e8　2. 后h5:d8×;
2) 1. … 后f7-f1+　2. 后c1:f1　车f8:f1×;
3) 1. 车d7-d8+　车b8:d8　2. 车d1:d8×;
4) 1. 后h5-h6+　马g8:h6　2. 象c1:h6×;
5) 1. 车g5-g8+　车c8:g8　2. 车g1:g8×;
6) 1. 后f3-f7+　后e7:f7　2. e6:f7×;
7) 1. 后h5:h7+　后g7:h7　2. 车h4:h7×;
8) 1. 车e7-e8+　车a8:e8　2. 车e1:e8×;
9) 1. 后g5-g6+　后b1:g6　2. h5:g6×;
10) 1. 后e2-e5+　后d6:e5　2. f4:e5×;
11) 1. … 车c8-c1+　2. 车d1:c1　后g1:c1×;
12) 1. 车f7-f8+　车e8:f8　2. 车f1:f8×;
13) 1. 后h5:h6+　车h8:h6　2. 象c1:h6X
14) 1. … 马g3-e2+　2. 后e1:e2　马d4:e2×;
15) 1. … 车d7-d2+　2. 后b2:d2　车d8:d2×;
16) 1. 车b7:e7+　后e2:e7　2. 车e1:e7×;
17) 1. … g5-g4+　2. f3:g4　f5:g4×;
18) 1. g4-g5+　车g8:g5　2. h4:g5×;
19) 1. e4-e5+　马d7:e5　2. d4:e5×;
20) 1. g4-g5+　后f4:g5　2. h4:g5×;
21) 1. … 后f4-h6+　2. 象g3-h4　后h6:h4×;
22) 1. 后f6-h8+　象e7-f8　2. 后h8:f8×;
23) 1. … 后d8-h4+　2. g2-g3　后h4:g3×;
24) 1. 后e1-e5+　后d8-f6　2. 后e5:f6×;
25) 1. 车b1-b8+　后a5-e8　2. 车b8:e8×;
26) 1. 车a1-g1+　后d8-g5　2. 车g1:g5×;
27) 1. … 车g6-h6+　2. 后e2:h5　车h6:h5×;
28) 1. 车c1-c8+　后d2-d8　2. 车c8:d8×;
29) 1. 象f4-e5+　车f8-f6　2. 象e5 :f6×;
30) 1. 象b1-a2+　后c8-e6　2. 象a2:e6×;
31) 1. 象d6-e5+　后h4-f6　2. 象e5:f6×;
32) 1. … 象g7-e5+　2. 象e3-f4　象e5:f4×;
33) 1. 象e2-h5+　g7-g6　2. 象h5:g6×;
34) 1. 象f1-g2+　车c8-c6　2. 象g2:c6×;
35) 1. 象b2:d4+　车f8-f6　2. 象d4:f6×;
36) 1. … 象a4-b5+　2. 后c1-c4　象b5:c4×;
37) 1. 后f5-g6+　后f8-g7　2. 后g6:g7×;
38) 1. 后d8-f6+　后g8-g7+　2. 后f6:g7×;
39) 1. … 后a5:e1+　2. 象g2-f1　后e1:f1×;
40) 1. 后b3-b8+　车d7-d8　2. 后b8:d8×;
41) 1. 后c8-c5+　后d8-d6　2. 后c5:d6×;
42) 1. … 后c5:e3+　2. 象f3-e2　后e3:e2×;
43) 1. … 后b7:d5+　2. 后d2:g2　后d5:g2×;
44) 1. 后h6-f4+　后h5-g4　2. 后f4:g4×;
45) 1. 车e3:e6+　车f7-e7　2. 车e6:e7×;
46) 1. 车e1-e8+　车d7-d8　2. 车e8:d8×;
47) 1. 车e1-e8+　象g7-f8　2. 车e8:f8×;
48) 1. 车e7-e8+　车f7-f8　2. 车e8:f8×;
49) 1. … 车e2-h2+　2. 车g3-h3　车h2:h3×;
50) 1. … 车h6:h3+　2. 后g1-h2　车h3:h2×;
51) 1. 车d8-f8+　车g7-f7　2. 车f8:f7×;
52) 1. … 车e8-a8+　2. 马c4-a5　车a8:a5×;
53) 1. 象a1:f6+　车g8-g7　2. 象f6:g7×;
54) 1. 象g2-f3+　象c8-g4　2. 象f3:g4×;
55) 1. 象e5-f4+　象d8-g5　2. 象f4:g5×;
56) 1. 象d3-a6+　象a8-b7　2. 象a6:b7×;
57) 1. 象e2-h5+　车a7-f7　2. 后d6-d8×;
58) 1. 象c4-b5+　c7-c6　2. 车e1-e7×;
59) 1. … 车d8-e1+　2. 马f3-e1　马g4:h2×;
60) 1. 车a8-g8+　车f7-g7　2. 后h4-h5×;
61) 1. 后f7-f6+　象c8-e6　2. 后f6:f8×;
62) 1. … 后b5-f1+　2. 车g6-g1　后f1-h3×;
63) 1. … 后h3-f1+　2. 象e3-g1　后f1:f3×;
64) 1. 后h6-h7+　车g8-g6　2. 后h7-h3×;
65) 1. 车c7-c8+　车d7-d8　2. 象d3-b5×;
66) 1. 后g5-f6+　车h7-g7　2. 车e3-h3×;
67) 1. 后f8-h6+　车g8-h7　2. 车d1-d8×;
68) 1. … 车e3-e1+　车g2-g1　2. 象g4-f3×;
69) 1. … 后h5:h3+　2. 后a2-h2　马e4-f2×;
70) 1. 后d8-d5+　后f8-f7　2. 车e1-e8×;
71) 1. 车a3-h3+　车g4-h4　2. g2-g4×;
72) 1. … 象h5-f3+　2. 象f1-g2　f2-f1后×;

73) 1. 象f4-h6+ 后d7-g7 2. 车f1:f6×;
74) 1. 车f3-h3+ 后e5-h5 2. g4-g5×;
75) 1. ... 后h2-g3 2. 后f1-f3 车c2-e2×;
76) 1. 车e1-e8+ 车b3-g8 2. 马d8-f7×;
77) 1. 车d1-d8+ 象c6-e8 2. 车d8:e8×;
78) 1. ... 车d2-d1+ 2. 车f2-f1 车d1:f1×;
79) 1. ... 象f8-b4+ 2. 马b1-d2 象b4:d2×;
80) 1. ... 象d7-c6+ 2. 车e2-g2 象c6:g2×;
81) 1. 后d7-d8+ 后b8:d8 2. 车d1:d8×;
82) 1. 车g7-g8+ 车h8:g8 2. 车g1:g8×;
83) 1. 后h6:h7+ 后g7:h7 2. 车h1:h7×;
84) 1. 后g3:g7+ 后e7:g7 2. 象b2:g7×;
85) 1. ... 后h1-c1+ 2. 车f2-d2 后c1:d2×;
86) 1. ... 象c6:f3+ 2. 车d2-g2 后g5:g2×;

87) 1. ... 象g5-e3+ 2. 车f1-f2 车h8-h1×;
88) 1. ... 后h2-h1+ 2. 象c5-g1 后h1-h3×;
89) 1. 后e7:f6+ 后e3-g5 2. g2-g3×;
90) 1. 后f7:h5+ 象g7-h6 2. 后h5:h6×;
91) 1. ... 车c8-h8+ 2. 象f2-h4 车h8:h4×;
92) 1. 车g3-g8+ 象e7-f8 2. 后h6:f8×;
93) 1. 车d3-h3+ 象e1-h4 2. 车h3:h4×;
94) 1. ... 后f6-h6+ 2. 象g2-h3 后h6:h3×;
95) 1. ... 车a8:a1+ 2. 马c3-b1 车a1:b1×;
96) 1. ... 车a8:c8+ 2. 象d2-c3 马d4-b3×;
97) 1. 后h6-f6+ 车h7-g7 2. 后f6:g7×;
98) 1. 后c1-h1+ d7-d5 2. e5:d6×;
99) 1. ... 后g5:e3+ 2. 后b5-e2 车f8:f1×;
100) 1. 车h8-h5+ g7-g5 2. 车h5:g5×.

第二部分

101) 1. 后e2-e8+ 车c8:e8 2. 车e1:e8×;
102) 1. 后f4-f7+ 象e8:f7 2. 车f1:f7×;
103) 1. 后f7:f8+ 象h6:f8 2. 车f1:f8×;
104) 1. ... 象d6-g3+ 2. h2:g3 后c7:g3×;
105) 1. 马e5-g6+ h7:g6 2. 马e7:g6×;
106) 1. 后g3-g6+ h7:g6 2. 象d3:g6×;
107) 1. ... 后d3-d1+ 2. 车c1:d1 车d8:d1×;
108) 1. 后f7-f8+ 车h8:f8 2. 车f1:f8×;
119) 1. 后d3-d8+ 马c6:d8 2. 车d1:d8×;
110) 1. 后g4-g5+ 象f6:g5 2. f4:g5×;
111) 1. ... 后h4-f2+ 2. 象e1:f2 e3:f2×;
112) 1. 后g4-g8+ 马f6:g8 2. 车g3:g8×;
113) 1. 后f7:h7+ 车e7:h7 2. 马e5-g6X
114) 1. ... 车d8:d1+ 2. 车h1:d1 后a4-c2×;
115) 1. 车f1:f8+ 车e8:f8 2. 后h6:g7×;
116) 1. 马g5:f7+ 马d8:f7 2. 马f4-g6×;
117) 1. 马d4-c2+ 马a3:c2 2. 车g5-b5×;
118) 1. 车e1-e6+ 马f8:e6 2. 车g7-d7×;
119) 1. 马f3-d4+ 马f5:d4 2. 车a7-e7×;
120) 1. ... 后d7:h3+ 2. 马g1:h3 马h4-f3×;
121) 1. 后d6-f8+ 车e8:f8 2. 马f5-e7×;
122) 1. 后g2-g8+ 车f8:g8 2. 马e5-f7×;
123) 1. ... 象d5:f3+ 2. 车f1:f3 后g6-g1×;
124) 1. 马e6-c7+ 车c8:c7 2. 车d1-d8×;
125) 1. 后g6-h7+ 后g8:h7 2. 马g5-f7×;
126) 1. 象d3-a6+ 后a5:a6 2. 后f7-c7×;
127) 1. ... a5:b4+ 2. 后d2:b4 马e3-c2×;
128) 1. 车e1-e8+ 后d8:e8 2. 马d7:f6×;
129) 1. 后d4-h8+ 王g8:h8 2. 车f5-f8×;

130) 1. 后h8:e8+ 王d8:e8 2. 车c1-c8×;
131) 1. 车e1-e8+ 王f8:e8 2. 车g2-g8×;
132) 1. 后h4-h8+ 王g8:h8 2. 车d8:f8×;
133) 1. ... 后h2-g1+ 2. 王f1:g1 车e8-e1×;
134) 1. ... 车h5-h1+ 2. 王g1:h1 车f8:f1×;
135) 1. ... 后e4-h1+ 2. 王g1:h1 车f7:f1×;
136) 1. ... 后h2-g1+ 2. 王f1:g1 车e8-e1×;
137) 1. ... 后h4:h6+ 王h7:h6 2. 车c8-h8×;
138) 1. ... 车e4-h4+ 2. 王h3:h4 车d2:h2×;
139) 1. ... 后e6-h3+ 2. 王h2:h3 车f1-h1×;
140) 1. 后f4-h6+ 王h7:h6 2. 车e8-h8×;
141) 1. 后h4:h5+ g6:h5 2. 车d6-h6×;
142) 1. 后g5-f6+ g7:f6 2. 车h7-f7×;
143) 1. ... 车b3-h3+ 2. g2:h3 车e2-h2×;
144) 1. ... 马e2-f4+ 2. e3:f4 车d3:h3×;
145) 1. 马h4-g6+ h7:g6 2. 后h5-h8×;
146) 1. 车h8:h3+ 2. g2:h3 后g3-g1×;
147) 1. 后c2:g6+ h7:g6 2. 车h1-h8×;
148) 1. ... 后h4:h3+ 2. g2:h3 车g6-g1×;
149) 1. 车d6:a6+ 象b7:a6 2. 后c7-a7×;
150) 1. 车d1-d6+ 象e7:d6 2. 车d7-f7×;
151) 1. 车f8-h8+ 象g7:h8 2. 车c7-h7×;
152) 1. 后d2-h6+ 象g7:h6 2. 车f7-h7×;
153) 1. 后e4-a8+ 马c7:a8 2. 车c2-c8×;
154) 1. 马b5-c7+ 车d7:c7 2. 车d1-d8×;
155) 1. 车e1-e8+ 象d7:e8 2. 车d1-d8×;
156) 1. 后h6:h7+ 车g7:h7 2. 车g3:g8×;
157) 1. 后d2-d8+ 象e7:d8 2. 车e1-e8×;
158) 1. 后b3-b8+ 马d7:b8 2. 车d1-d8×;

1000 国际象棋习题详解 提高篇

159) 1. ... 后h4:h2+　2. 车g2:h2　车g8-g1×;
160) 1. 马g5-f7+　马e5:f7　2. 车e1:e8×;
161) 1. ... 马e4-c5+　2. d4:c5　e5-e4×;
162) 1. ... 车g5-h5+　2. 象g4:h5　g6-g5×;
163) 1. 马a6-c5　b6:c5　2. a5-a6×;
164) 1. 马f4-g6+　h7:g6　2. f2-f4×;
165) 1. 后h6-e6+　象c8:e6　2. 马f5-h6×;
166) 1. f2-f3+　马e5:f3　2. 马d1-f2×;
167) 1. ... 后f2-g1+　2. 车f2:g1　马d3-f2×;
168) 1. 车h6-g6+　f7:g6　2. 马f5-h6×;
169) 1. 车h7-h8+　象g7:h8　2. 后a7-h7×;
170) 1. 车f7-e7+　王e8:e7　2. 后f3-f7×;
171) 1. 车g7-h7+　马f6:h7　2. 后g3-g7×;
172) 1. ... 车h1-h2+　2. 马f3:h2　后c1-h1×;
173) 1. 马c4-d6+　后h2:d6　2. 象f1-a6×;
174) 1. 马e4-d6+　c7:d6　2. 象d3-g6×;
175) 1. 车g6-g8+　车f8:g8　2. 后d3:h7×;
176) 1. 马e4-g6+　h7:g6　2. 后c3:g7×;
177) 1. 车h2-h8+　象g7:h8　2. 后h1-h7×;
178) 1. 车d7-h7+　马f8:h7　2. 后c7-g7×;
179) 1. 马d5-c7+　王e8-f8　2. 后d1-d8×;

180) 1. 马e6-g5+　h6:g5　2. 后e4-e8×;
181) 1. 后h5-f7+　马h6:f7　2. e6:f7×;
182) 1. 车f1-f6+　王e6:f6　2. 车d1-d6×;
183) 1. ... 车f5-h5+　2. g4:h5　后d4-h4×;
184) 1. ... 车g2:h2+　2. 马f3:h2　后g4-g2×;
185) 1. 后c8:f8+　王g8:f8　2. 车h1-h8×;
186) 1. 后g4-g8+　车f8:g8　2. 马e5:f7×;
187) 1. 马h3-g5+　f6:g5　2. 车f3-h3×;
188) 1. 后h3:h6+　g7:h6　2. 车b7-h7×;
189) 1. ... 车f8-f5+　2. g4:f5　车h7-h5×;
190) 1. ... 车e5-h5+　2. g4:h5　车e4-h4×;
191) 1. 后e5-h8+　王g8:h8　2. 车f1-f8×;
192) 1. ... 象e5-f4+　2. g3:f4　g5:f4×;
193) 1. 车g7:h7+　马f6:h7　2. 后g1-g7×;
194) 1. 车e7:h7+　马g5:h7　2. 马d6-f7×;
195) 1. 车h7-h8+　象f6:h8　2. 后e7-h7×;
196) 1. 后c3:e5+　d6:e5　2. 车c6-e6×;
197) 1. 后h6:f8+　车a8:f8　2. 马f5-h6×;
198) 1. 后c7:h7+　象g6:h7　2. 车c6-h6×;
199) 1. ... 车g4-g1+　2. 车f1:g1　马e4-f2×;
200) 1. ... 车h8-h1+　2. 王g1:h1　马d3:f1×.

第三部分

201) 1. f6-f7+　车f8:f7　2. 后h5-h8×;
202) 1. f5-f6+　象e5:f6　2. 后h4-h7×;
203) 1. f6-f7+　象d5:f7　2. 象g6-h7×;
204) 1. f2-f4+　后g4:f4　2. 后f7-g6×;
205) 1. 车d3-a3+　b4:a3　2. b2-b3×;
206) 1. 车e5-h5+　象e8:h5　2. g4-g5×;
207) 1. 车g2-a2+　象c4:a2　2. 马b4-c2×;
208) 1. 车c7-h7+　象d3:h7　2. 马g5-f7×;
209) 1. ... 后f4-h2+　2. 马f3:h2　马f1-g3×;
210) 1. ... 后e3-g1+　2. 马e2:g1　马h3-f2×;
211) 1. ... 后d3-f1+　2. 车a1:f1　马g3-e2×;
212) 1. ... 后c7-h2+　2. 马f3:h2　马f1-g3×;
213) 1. 后h6-f8+　马g6:f8　2. 马e6-g7×;
214) 1. 后c2-h7+　马f6:h7　2. 马f8-g6×;
215) 1. 后e6-g8+　马f6:g8　2. 马h6-f7×;
216) 1. 后c2-h7+　马f6:h7　2. 马f8-g6×;
217) 1. ... 后h4-e1+　2. 马f3:e1　马d3-f2×;
218) 1. ... 后e6-g8+　车d8:g8　2. 马h6-f7×;
219) 1. ... 后e3-g1+　2. 车d1:g1　马e4-f2×;
220) 1. 后a3-f8+　车a8:f8　2. 马g6-e7×;
221) 1. 后g4-c8+　车h8:c8　2. 马b6-d7×;
222) 1. 后d5-g8+　车a8:g8　2. 马h6-f7×;

223) 1. 后f4-b8+　车f8:b8　2. 马a6-c7×;
224) 1. ... 后b6-g1+　2. 马e2:g1　马h3-f2×;
225) 1. ... 后b6-g1+　2. 马f3:g1　马h3-f2×;
226) 1. 后c4-g8+　车e8:g8　2. 马h6-f7×;
227) 1. ... 后g3-e1+　2. 马f3:e1　马d3-f2×;
228) 1. 后f5-h7+　马f6:h7　2. 马f8-g6×;
229) 1. 车f6-f8+　王e8:f8　2. 后e6-g8×;
230) 1. 车h1-h8+　王g8:h8　2. 后g6-h7×;
231) 1. 车h7-h8+　王g8:h8　2. 象h5-f7×;
232) 1. 车a1-a8+　王b8:a8　2. 后b6-a7×;
233) 1. 车h1-h8+　王g8:h8　2. 后g6-h7×;
234) 1. 车f1-f8+　王e8:f8　2. 后h7-f7×;
235) 1. ... 车h8-h1+　2. 王g1:h1　后e5-h2×;
236) 1. ... 车e8-e3+　2. 王f3:e3　后f1-d3×;
237) 1. ... 车b8-b1+　2. 王c1:b1　后c3-b2×;
238) 1. 车h1-h8+　王g8:h8　2. 后c2-h7×;
239) 1. 车g8-f8+　王e8:f8　2. 后e6-f7×;
240) 1. 车h1-h4+　王g4:h4　2. 后d3-h3×;
241) 1. ... 象d5-b3+　2. 王c2:b3　后a1-a4×;
242) 1. 象h6-g7+　王h8:g7　2. f7-f8后×;
243) 1. ... 象c8-f5+　2. 王e4:f5　后g3-g6×;
244) 1. 象d3-g6+　王f7:g6　2. 后e2-h5×;

245) 1. 后g6-h7+　王g8:h7　2. 象h5-f7×;
246) 1. … 后h3:g2+　2. 王g1:g2　车f3:g3×;
247) 1. 后g6-h7+　王g8:h7　2. 马h5:f6×;
248) 1. 后g4:g7+　王g8:g7　2. 车e5-g5×;
249) 1. 马c5-a6+　b7:a6　2. 后d4-b4×;
250) 1. 马e5-g6+　h7:g6　2. 车e3-h3×;
251) 1. … 马f7-g5+　2. h4:g5　后e5-h8×;
252) 1. … 马f5-g3+　2. h2:g3　后f1:h3×;
253) 1. 马f2-g4+　h5:g4　2. 车f1-h1×;
254) 1. … 马e2-g3+　2. h2:g3　h6:g5×;
255) 1. 马g5-e6+　f7:e6　2. 象f4-d6×;
256) 1. 马d4-b5+　c6:b5　2. 马c5-b7×;
257) 1. 车h8:h6+　g7:h6　2. 车a8-g8×;
258) 1. … 车f3:h3+　2. g2:h3　后d4-f2×;
259) 1. … 车e5:f5+　2. g4:f5　象g2-f3×;
260) 1. 后h5:h6+　g7:h6　2. 象f4-e5×;
261) 1. … 后d8:h4+　2. 王h3:h4　车e5-h5×;
262) 1. 后c2:h7+　王h8:h7　2. 车d5-h5×;
263) 1. … 后c7:h2+　2. 王h1:h2　车d4-h4×;
264) 1. 后h3:h7+　王h8:h7　2. 车f5-h5×;
265) 1. 后f5:h7+　王h8:h7　2. 车e1-h1×;
266) 1. … 后e5:h2+　2. 王h1:h2　车h8:h4×;
267) 1. 后b1:h7+　王h8:h7　2. 车d5-h5×;
268) 1. … 后h5:h2+　2. 王h1:h2　车d3-h3×;
269) 1. 车d7:b7+　王b8:b7　2. 后d8-b6×;
270) 1. 车g7:h7+　王h8:h7　2. 马h5-f6×;
271) 1. 车h1:h7+　王h8:h7　2. 后d1-h5×;
272) 1. … 车h6:h2+　2. 王h1:h2　车d5-h5×;

273) 1. 后a8:f8+　王g8:f8　2. 车e1-e8×;
274) 1. 后h4:h7+　王h8:h7　2. 车e1-h1×;
275) 1. 后d8:c8+　王b8:c8　2. 车e6-e8×;
276) 1. 后g3:b8+　车a8:b8　2. 象c4:b5×;
277) 1. 车e8:f8+　王g8:f8　2. 后g5-d8×;
278) 1. … 车b1:g1+　2. 王h1:g1　后e4-e1×;
279) 1. 车g6:g7+　王h7:g6　2. 后f3-f7×;
280) 1. … 车g3:h3+　2. 王h2:h3　车d8-h8×;
281) 1. 马e5-g6+　h7:g6　2. 车f4-h4×;
282) 1. 车f7:c7+　王c8:c7　2. 后a8-c6×;
283) 1. 车h1-h8+　王g8:h8　2. 后g6-h7×;
284) 1. … 后c5-g1+　2. 车a1:g1　马h3-f2×;
285) 1. 车h3:h7+　王h8:h7　2. 后g4-h5×;
286) 1. 马d4-f5+　e6:f5　2. 象e3-c5×;
287) 1. 马h4-g6+　h7:g6　2. 后d2-h6×;
288) 1. … 后d6-g3+　2. 车g1:g3　马h5-f4×;
289) 1. 车h6:h2+　2. 王h1:h2　后e7-h4×;
290) 1. 后h5:h7+　马f6:h7　2. 马e5:f7×;
291) 1. 车g3-a3+　象f8:a3　2. b2-b3×;
292) 1. 马d5-b6+　a7:b6　2. 车c1-a1×;
293) 1. 车b4-f4+　象h6:f4　2. e3-e4×;
294) 1. … 象e4:f3+　2. 车f1:f3　后g6-g1×;
295) 1. 车c8:g8+　王h8:g8　2. 车e2-e8×;
296) 1. 马f4-g6+　f7:g6　2. 后h8:g7×;
297) 1. … 后h4:h3+　2. g2:h3　象f5:e4×;
298) 1. e6-e7+　后c5:e7　2. 后f6-h8×;
299) 1. 后d2:h6+　王g7:h6　2. 象h4:f6×;
300) 1. … 车e2:c2+　2. 王c1:c2　后a1:c3X.

第四部分

301) 1. … 车e8:e2;
302) 1. 后h3:h2;
303) 1. 后h5:d5;
304) 1. 后d6:c6;
305) 1. 后f4:b4;
306) 1. 后g5:c5;
307) 1. 后b8:c7;
308) 1. … 后a1:d4;
309) 1. 车d8:d7;
310) 1. 后a4:e4;
311) 1. … 后a5:b5;
312) 1. … 后g6:d3;
313) 1. … 车e8:e2;
314) 1. 后g3:g6;
315) 1. 后d1:g4;

316) 1. … 后a5:b4;
317) 1. 车c3:c7;
318) 1. … 车d1:e1+;
319) 1. … 后g5:d2;
320) 1. 车e1:e7;
321) 1. 后e5:e6;
322) 1. … 后b5:d3+;
323) 1. 后f6:c3;
324) 1. … 象h6:e3+;
325) 1. 车a1-h1+;
326) 1. 车f3-b3+;
327) 1. 马d4-f3+;
328) 1. 车b3:g3+;
329) 1. … 象f4-e3+;
330) 1. 后e3-g3+;

331) 1. 象a2:f7+;
332) 1. 马d5-e7+;
333) 1. … d5-d4;
334) 1. … 象f5-d3;
335) 1. 马f3-g5;
336) 1. d2-d3;
337) 1. … 马f5-h4;
338) 1. 王c6-b5;
339) 1. … e6-e5;
340) 1. 马e4:c5;
341) 1. g2-g4;
342) 1. … 王d5-d4;
343) 1. 车h4-e4;
344) 1. d4-d5;
345) 1. … e6-e5;

346) 1. … 马b4-a6;
347) 1. 车d1-f1;
348) 1. d4-d5;
349) 1. e2-e3;
350) 1. … 象b7-a6;
351) 1. 后e1-e6;
352) 1. 车e3-f3;
353) 1. 车f1-e1;
354) 1. … 车f8-d8;
355) 1. 车a1-d1;
356) 1. 车h1-e1;
357) 1. 车d8-d7;
358) 1. 车d8-d7;
359) 1. … 车d5-d1;
360) 1. 车e1-e7;

361) 1. 象c2-a4;
362) 1. 象e4-c6;
363) 1. 象d3-e4;
364) 1. 象e4-d5;
365) 1. 象f1-b5;
366) 1. 象g2-e4;
367) 1. ... 象f8-b4;
368) 1. ... 象h5-g6;
369) 1. 象g2:d5;
370) 1. ... 象c6:e4;

371) 1. 象e3-d4;
372) 1. ... 象b4-c5;
373) 1. ... 象g7-c3;
374) 1. ... 象d7-c6;
375) 1. 象f1-b5;
376) 1. ... 象g7-d4;
377) 1. 象c4-b5;
378) 1. ... 象f6-d4;
379) 1. 象b2-e5;
380) 1. ... 象e3-f2;

381) 1. 后d4:g4;
382) 1. d3-d4;
383) 1. ... 象d6-c5;
384) 1. 象f1-b5;
385) 1. 象c1-a3;
386) 1. ... 后h1:e4;
387) 1. ... d4:e3;
388) 1. ... 后c8-c1;
389) 1. 后a4-a8;
390) 1. 马e4-g5;

391) 1. 后f3:f6;
392) 1. ... g6-g5+;
393) 1. ... 后g6:g3;
394) 1. 象f1-b5;
395) 1. 车c8-c7;
396) 1. ... 车f8-e8;
397) 1. 象g2:d5;
398) 1. 车d1-d6;
399) 1. ... 车h3:g3;
400) 1. 后d1:d6.

第五部分

401) 1. ... 马c6:e5;
402) 1. 车e1:e6;
403) 1. 后d5:e5;
404) 1. ... 象d6:f4;
405) 1. 马c3:d5;
406) 1. ... 象a6:d3;
407) 1. 马c3:b5;
408) 1. 车d4:d5;
409) 1. 象f7:g6;
410) 1. 车c1:c5;
411) 1. 象g2:c6+;
412) 1. 车d1:d4;
413) 1. 后d2:d5;
414) 1. 后c2:f5;
415) 1. 象e3:c5;
416) 1. ... 车c5:c1;
417) 1. 车e1:e4;
418) 1. 象g5:f6+;
419) 1. ... 象b7:d5;
420) 1. ... 马c6:b4;
421) 1. 马d2-c4;
422) 1. 马d4-c6;
423) 1. 象g3-c7;
424) 1. ... 后d8-a5;
425) 1. ... 象g7-f8;

426) 1. 象c4-b5;
427) 1. 象f3-e2;
428) 1. ... 马b4-d3;
429) 1. ... f7-f5;
430) 1. 后c2-f2;
431) 1. 马f3-d4;
432) 1. 马c3-e4;
433) 1. ... d5-d4;
434) 1. d4-d5;
435) 1. ... 马c6-d4;
436) 1. ... 马d7-c5;
437) 1. 后e2-h5;
438) 1. ... 马h5-f4;
439) 1. 后d1:d4;
440) 1. 马d3-e5;
441) 1. h3-h4;
442) 1. 车f2-c2;
443) 1. 车c1-c6;
444) 1. ... 马a4-b2;
445) 1. 象f4-e3;
446) 1. 车a1-d1;
447) 1. ... f7-f6;
448) 1. 象f3-e2;
449) 1. f2-f3;
450) 1. ... a7-a6;

451) 1. 车b7-b6;
452) 1. b3:c4;
453) 1. 马c3-e4;
454) 1. 后d1-d6;
455) 1. ... d5-d4;
456) 1. 马f3-d41;
457) 1. 马b1-c31;
458) 1. ... c7-c6;
459) 1. e3-e4;
460) 1. 车d1-c1;
461) 1. ... c7-c6;
462) 1. ... 马c6-e7;
463) 1. ... e6-e5;
464) 1. 车e1-c1;
465) 1. ... 象h3-d7;
466) 1. 象c1-g5;
467) 1. 象f4-e3;
468) 1. 象f4:g5;
469) 1. 象e2-d1;
470) 1. 象c1-g5;
471) 1. 象g3-e5;
472) 1. 象c1-g5;
473) 1. ... 后c1-f1;
474) 1. 后h5-e5;
475) 1. 后e3-f3;

476) 1. 后a8-b8;
477) 1. 象d3:c4;
478) 1. 马c3-d5;
479) 1. ... 后d6:e5;
480) 1. 车d6-f6;
481) 1. 马c3-d5;
482) 1. 车d1-e1;
483) 1. 后c4-d4;
484) 1. 马d8-e6;
485) 1. 象d3:c4;
486) 1. ... 后d5:c4;
487) 1. 马f5-e3;
488) 1. 车f1-d1;
489) 1. 象c4:d5;
490) 1. ... 马f6:e4;
491) 1. 车d1-e1;
492) 1. ... d6-d51;
493) 1. ... 后c7-b7;
494) 1. ... h6:g5;
495) 1. 车f2:f3;
496) 1. d4-d5;
497) 1. 后g6:e8+;
498) 1. e4-e5;
499) 1. 象e2-a6;
500) 1. 车d6:f6.